Gesünder essen mit Lust und Genuss

Neue Rezepte für jeden Anlass

● fettarm ● vitaminreich ● vielseitig ● einfach

Impressum

Herausgeber Dirk Manthey

Chefredaktion Andreas Hallaschka, Philipp Berens

Projektleitung und Redaktion Gabriele Gugetzer, Hamburg

Art Direction Katja Kühl-Decker, Media Association, Hamburg

Bildredaktion Bettina Huber, Hamburg

Titel-Fotos Getty Images; Food Centrale, Hamburg

Bildnachweis Diagentur Elke Stolt: 75 (Stolt); Fotex: 9, 11, 21, 24 (Zorin), 41 (Nawrocki), 42 (Lauterbach), 56 (Wandmacher), 4, 57, 118 (Rauch), 110 (2; Sagel+Kranefeld), 111 (Westrich); Helga Lade: 115; Imagine: 10 (N.N.), 25, 117 (Horizon), 58 (2) (Hoa Qui), 76 (Gössler), 121 (Dotzauer); Martina Urban: 3, 75; Media Association: 5, 114, 115 (4); New Eyes: 43 (IDS), 76 (N.N.), 93 (Tandem), 94 (Network), 101 (Wartenberg); Picture press: 2 (Sperber), 3 (Recht), 6 (Schultheiß) , 6, 57, 58, 77, 95, 119 (Wartenberg), 9, 93 (Davis), 9, 114 (Frassi), 24, 25 (Westermann), 41, 118 (Caspersen), 41 (N.N.), 43 (Weitzel), 43 (Dietrich), 44 (Reutter), 58, 115 (Sartori), 3, 59, 114 (Fair Lady), 5, 74 (Adna), 92, 114 (Stradtmann), 93 (Riolzi), 94, 121 (Fabian), 5, 114 (2; Thurmann); Mauritius: 6, 25, 111 (age), 7 (Kumicak), 9 (Bayer), 41 (Schlief), 41, 42, 56, 118, 126 (stock image), 76 (Haling), 77 (Rosenfeld), 111 (2; Lehner), 111 (Male); Superstock: 4, 6, 7, 8 (2), 56, 93, 94, 125; The Image Bank: 7 (Hunter), 8 (Regine M.), 8, 9, 41, 43, 44 (Lockyer), 24 (Horowitz), 57, 110, 111 (Erlanson), 77, 120 (Place), 92 (McConville), 110 (Wilkinson); FIT FOR FUN: 2, 4, 5, 7, 25, 27, 74 (2), 76 (Heinsen), 8, 12 (Robin), 9, 16 (J. v. d. Berg), 5, 15, 88, 93, 109, 121 (Wartenberg), 4, 25, 26, 27, 29, 117 (Raben), 27 (Persch), 31 (Klemt), 38, 74 (Lassen), 53 (Grau), 106 (Kandler); Premium: 57 (Heyert); Tony Stone: 43 (Tisne), 57, 93, 119 (Dolding), 58, 119 (Dance), 59 (May), 74 (Rosenfeld), 75 (Jaffe), 77 (Everard), 77 (Mackintosh), 92 (Cohen), 94 (Witte); Zefa: 8 (Musterfile), 4, 41 (Rosenfeld), 2, 4, 42, 124 (Peisl), 56 (Eggers), 61 (Schuster) 77 (Krüsselmann), 75, 111 (Emely), 114 (Wickinson), (Sagel + Kranefeld)

Food-Fotografie FOOD CENTRALE Rolf Seiffe

Food-Stylist Christian Splettstösser

Rezeptentwicklung und Rezepte Inga Fehrs, Christina Niemann, Hamburg

Texte Gabriele Gugetzer

Textkorrektur Rüdiger Frank

Herstellung Christian Graap

Litho Reproform, Hamburg

Druck Appl Druck, Wemding

Verlagsleitung Petra Linke

Werbeleitung Nadja Vogt

Syndication/Auslandslizenzen Tel. 040/ 41 31-11 62, Milchstrasse Syndication

Verlag FIT FOR FUN-Verlag GmbH, Mittelweg 118, D–20148 Hamburg

© Copyright für alle Beiträge bei der FIT FOR FUN-Verlag GmbH. Alle Rechte vorbehalten. Vollständige oder auszugsweise Reproduktion, gleich welcher Form (Fotokopie, Mikrofilm, elektronische Datenverarbeitung oder durch andere Verfahren), Vervielfältigung, Weitergabe von Vervielfältigungen nur mit schriftlicher Genehmigung des Verlags.

ISBN 3-9804101-2-9
1. Auflage 2001
Teilauflage für den Südwest Verlag
ISBN 3-517-06472-6

Die Kapiteleinteilung nach Esswerkzeugen macht die Partyplanung leicht *und* lustig. Eben FIT FOR FUN.

Gezählt und geplant

Die bewährte FIT FOR FUN-Einteilung wurde für dieses Buch etwas abgewandelt. So funktioniert's: Ob pro Glas, pro Stück und pro Portion, erfahren Sie in der blauen

Leiste. Kalorien und Fettgehalt in Gramm finden sich in der hellen Spalte, darunter die kombinierte Zubereitungs- und Kochzeit, damit Sie gleich wissen, wie viel Zeit insgesamt erforderlich ist. Die Vignetten verdeutlichen diese Infos auf einen Blick.

Liebe *party*-Freunde

Hier werden Sie geholfen Fehlt Ihnen noch die zündende Idee für eine Party? Oder haben Sie die Idee schon, wissen aber noch nicht, was Sie Ihren Gästen auftischen sollen? In beiden Fällen brauchen Sie unbedingt dieses Buch. Denn unser ultimativer Feten-Futter-Guide ist **randvoll mit originellen und köstlichen Rezepten von schnell und einfach bis fein und edel.** Dazu gibt's neue Anregungen für Mottos, Einladungen, Deko-Tipps, Party-Planer – einfach alles, was kluge Hausfrauen und -männer so brauchen. Zufriedene Gäste, stolze Gastgeber und ein erfolgreicher, begeisternder Verlauf des Events sind garantiert.

Spaß ohne Reue Damit am nächsten Tag auch ja keine Beschwerden bei Ihnen eingehen, ist natürlich alles ganz FIT FOR FUN-like: leicht, lecker, gesund, ohne dass der Genuss dabei zu kurz kommt. Wie man es halt von uns kennt. Ein Trost für die Autofahrer unter den Feierfreudigen: Auch für euch gibt's leckere Drinks – alkoholfreie Cocktails, die es ebenfalls „in sich haben".

Von der Hand in den Mund Der besondere Clou an den Rezepten: Sie können entscheiden, ob Sie einfach mit den Fingern, mit Stäbchen oder lieber mit klassischem Besteck essen möchten. Für alle Wünsche gibt's die passenden Speisen und Party-Ideen. Und nun sind Sie dran!

Viel Spaß wünscht Ihre

Dörte Helberg, FIT FOR FUN,
Ressortleitung Ernährung

Let's have

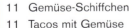

FUN-PARTIES/ESSEN MIT DEN FINGERN

- 11 Gemüse-Schiffchen
- 11 Tacos mit Gemüse
- 12 Hackbällchen mit Karambole
- 13 Fischbällchen
- 14 Grüner Spargel
- 15 Filet-Burger / Satéspieße
- 16 Hot Mango-Chips / Scharfe Röllchen
- 17 Radicchio mit Ziegenkäse
- 18 Knoblauch-Muscheln
- 19 Garnelenspieße
- 20 Mini-Crêpes mit Lachs
- 21 Pinienkern-Sandwiches / Arabische Pizzies
- 22 Lemon-Cakes / Mini-Windbeutel
- 23 Muffins mit Zimt

ASIA-PARTIES/ESSEN MIT STÄBCHEN

- 29 Tuna-Nigiri / Lachs-Nigiri
- 30 Tuna-Maki mit Rauke
- 31 Garnelen-Nigiri / Maki mit Erdnussbutter
- 32 California Roll
- 33 Nigiri mit Omelette / Vegetarische Maki
- 34 Sashimi mit Gemüse
- 35 Sweet California Roll
- 36 Scharfes Schweinefilet
- 37 Garnelen im Glasnudelmantel
- 38 Süße Frühlingsrolle
- 39 Asiatisches Omelette

CLASSIC PARTIES/ESSEN MIT DER GABEL

- 45 Garnelen mit Brunnenkresse-Dip / Gefüllte Artischocken
- 46 Glasnudelsalat mit Hähnchen und Mango
- 47 Chinakohlsalat
- 48 Indischer Reissalat mit Orangendressing
- 49 Apfelsalat mit Jakobsmuscheln/Bulgursalat
- 50 Gemüse-Lasagne mit Pecorino
- 51 Ofengemüse in Pergament
- 52 Zucchini-Carpaccio
- 53 Walnuss-Kohlrabi mit Kräuterfarfalle / Rote Linsen mit Käse-Crostini
- 54 Spaghettini mit Kaviar
- 55 Marinierter Chili-Lachs

DINNER FOR TWO/ESSEN MIT MESSER & GABEL

- 61 Kalbsroulade / Glasierte Lammkeule
- 62 Schollenfilet / Lamm-Chops
- 63 Salbei-Zwiebeln
- 64 Tunfisch-Spieße
- 65 Dorade mit Thymian / Gegrillte Forelle
- 66 Kartoffeln vom Blech
- 67 Gegrilltes Gemüse mit Zitronenthymian
- 68 Tintenfische geschmort / Ossobuco mit Rotwein
- 69 Zitronen-Hähnchen
- 70 Gegrilltes Seeteufel-Filet mit Limettensalsa
- 71 Catfish/Lachsforelle in der Salzkruste
- 72 Gegrillter Ziegenkäse
- 73 Zwiebelkuchen

a party

Überraschen Sie Ihre Gäste mit neuen Ideen aus der FIT FOR FUN-Küche. **Damit Sie für jede Party den richtigen Mix finden,** sind die Rezepte nach Esswerkzeug und Anlass geordnet und beliebig kombinierbar.

Inhalt

THEME-PARTIES/ESSEN MIT DEM LÖFFEL

- 79 Paprikarahmsuppe
  Pfirsichtarte mit Sorbet
- 80 Zwiebelsuppe
  Gulaschsuppe
- 81 Laksa mit Hähnchen
- 82 Kürbissuppe mit Chili
- 83 Lamm-Stew mit Piment
  Jambalaya mit Scampi
- 84 Minestrone
- 85 Möhrensuppe
  Sizilianischer Eintopf
- 86 Grießflammeri
- 87 Honigjogurt
- 88 Johannisbeertorte mit Mohn/Erdbeeren auf Rharbarberschaum
- 89 Baked Ananas
- 90 Pistazien-Jogurt-Flan
- 91 Tiramisù/Pfirsich mit Jogurt-Parfait

BIG PARTIES/RUND UMS GLAS

- 97 Erdbeereis-Margarita
  Juicy Dream
- 98 Rosen-Bowle
- 99 Sangría
- 100 Bowle mit Crémant
- 101 Tropical-Heat-Bowle
  Erdbeer-Bowle
- 102 Cool Colada
  Orange-Grapefruit-Slush/Driver's Mojito
- 103 Caipirinha
- 104 Caribbean Delight
- 105 Himbeer-Shake/Cuba Libre/Ananas-Crush
- 106 Campari-Trauben-Drink
- 107 Grapefruit-Wodka
- 108 Jamaican Fruit-Punch
- 109 Pink Grape/Kokos-Cocktail/Pepper-Drink

TIPPS OF ART UND MEHR

- 110 **Deko & Einladungen**
  Damit sich die Partygäste wirklich willkommen fühlen
- 112 **Menü-Vorschläge**
  Vier unterschiedliche Menüs für jeden Geldbeutel und passenden Anlass
- 114 **Party-Planer**
  Zum Fotokopieren und An-die-Wand-Hängen: die Party-Logistik
- 116 **Schnellübersicht**
  Die praktische FIT FOR FUN-Norm macht das Kochen planbar
- 124 **Register**
  Alle Rezepte von A bis Z

Gelungene Überraschung: eine Party für den Freund oder die Freundin zu planen, von der nur die Gäste etwas wissen dürfen.

Beach babes, beach boys and lots of sun: Sommerpartys von ihrer schönsten Seite.

fun Parties

Klug aufgebaut: Ein von allen Seiten zugängliches Buffet verhindert langes Anstehen.

Ein Superjahr steht an! Und mit etwas Vorausplanung wird die Silvesterparty ebenso.

Ob das neue Jahr gefeiert wird oder einfach nur ein toller Sommer: Es gibt Partys, die sollen schlichtweg Spaß machen und nicht in Stress ausarten. **Ideal dazu: Fingerfood.** An Servietten denken!

Essen mit den Fingern

Kerzenschein oder Romantik am nächtlichen Lagerfeuer: Das bringt jede Party zum Knistern.

Silvester kann mit riesigem Aufwand verbunden sein oder richtig schön (unkompliziert) werden. Wenn nicht auf Deutschlands längster Partymeile in Berlin oder dem Times Square gefeiert werden kann: macht nichts. Hauptsache, es wird kein steifes Essen, sondern eine lustige Stehparty. Vielleicht in der Küche am Taco-Buffet oder zwischen hübsch aufgespießten Appetithappen. Im Kapitel „Rund ums Glas" werden Shakes und Cocktails mit wenig Alkohol vorgeschlagen, die auch Silvestermuffel in Stimmung bringen. ▶**Katerrezepte** sind deshalb (fast) überflüssig. Der Brauch, an Silvester zu tafeln, war schon zu Zeiten der römischen Kaiser bekannt. **Er sollte für den Rest des Jahres Überfluss garantieren:** schöne Aussichten, die dafür sorgen, dass schon vor Mitternacht Stimmung aufkommt.

Eine **Beach-Party** funktioniert auch an nordeuropäischen Stränden. Grundausstattung: ein Grill und dazu Holzkohle und Anzünder oder ein Picknickkorb mit guter Kühlung. In den wandert das Fingerfood, ob nun Mini-Crêpes, Spieße, Pinienkern-Sandwiches oder Hackbällchen mit Karambole, in Einzelteile zerlegt. Vor Ort wird es dann zusammengestellt: al dente am Strand. Wer's rustikaler mag: Selbst eingefleischte „Stadtgriller", die sonst den heimischen Grünanlagen oder der eigenen Terrasse den Vorzug geben, lassen sich mit einer Grillparty am Beach locken. Wichtig: neben Fleisch für Fisch und Gemüsespieße auf dem Rost sorgen. Pitabrot und Dips als Beilage dazu schmecken eigentlich jedem. **Achtung: Kartoffeln dauern immer länger, als man meint. Eine Stunde Garzeit in der Alufolie rechnen, ob nun in der Holzkohle des Grills oder im Lagerfeuer.** In das kann man auch zu später Stunde versonnen blicken oder darin Marshmallows grillen. Modernere Variante: Kirschtomaten auf Holzstöckchen ins Feuer halten. Gute Musik, Mineralwasser, Eiswürfel für die Getränke, feuchte Tücher und Abfalltüten nicht vergessen.

Aus Luftschlangen und dem guten alten Konfetti lassen sich auch Buchstaben formen. Mit etwas Kleber auf der Unterseite festmachen.

Überraschungspartys funktionieren immer dann, wenn gut geplant wurde und sich die Hauptperson des Abends gerne überraschen lässt. Die kulinarischen Vorbereitungen müssen natürlich heimlich geschehen. Eine Variante: Jeder Gast kocht sein Lieblingsrezept. Alle Gerichte werden auf einer großen Tafel präsentiert. Eine andere: ▶**Catering.** Zwischen 30 und 120 Mark liegen die Preise pro Person (Getränke und Ausstattung nicht eingerechnet). Aber: Es sind Profis am Werk, die teilweise schon einen halben Tag vor der Party mit Aufbau und Dekoration beginnen und dank ausgebildeter Köche eine große kulinarische Bandbreite abdecken. **Perfekte Überraschungsparty-Planer sorgen übrigens dafür, dass die Autos der Freunde nicht alle vor der Wohnungstür geparkt sind.**

▶**LINKS**

Katerrezepte sind Espresso mit Zitronensaft oder eine Bloody Mary mit einem Schuss Tabasco.
Das Catering von FIT FOR FUN hält unter Tel. 040/ 41 32 01 61 kostenlose Angebotsmappen bereit. Vorher Preisrahmen abstecken!

Essen mit den Fingern

Gemüse-Schiffchen mit MANDELREIS

ZUTATEN

FÜR 12 STÜCK

1 Tütchen Safran
Jodsalz
80 g Basmati-Reis
50 g Mandelstifte
50 g getrocknete, entsteinte Datteln
1 EL Jogurt
1 TL Zitronensaft
1 TL Garam masala
(indische Gewürzmischung)
1 Salatgurke
je 1 rote und gelbe Spitzpaprika
3 Zweige Minze

FRISCHE-CHECK:
Salatgurke

1 Safran in heißem Salzwasser vollständig auflösen und Reis darin garen. Mandelstifte in einer Pfanne ohne Öl anrösten. Datteln fein schneiden. Beides zum Reis geben. Jogurt, Zitronensaft und Garam masala einrühren und abschmecken.

2 Von der Gurke über die ganze Länge mit einem scharfen Messer einen flachen Deckel abschneiden. Gurke in daumenlange Stücke schneiden, mit einem Teelöffel vorsichtig aushöhlen und das Fruchtfleisch entfernen. Paprika halbieren und entkernen.

3 Reis in die Schiffchen füllen und mit Minze garnieren.

extra fettarm

PRO STÜCK:
45 kcal
1 g Fett
15 Minuten
schnell · günstig · superfit · einfach

Tacos mit GEMÜSE-MIX

ZUTATEN

FÜR 8 STÜCK

4 Endivienblätter
1 kleiner Kopf Radicchio
4 Tomaten
1 Bund Schnittlauch
8 Taco-Schalen
2 EL saure Sahne
2 EL fettarmer Jogurt
1 Knoblauchzehe
Jodsalz
weißer Pfeffer

FRISCHE-CHECK:
Endiviensalat

1 Endivienblätter und Radicchio in Streifen, Tomaten in Scheiben schneiden. Schnittlauch hacken. Tacos im Backofen 5 Minuten bei 200 °C erhitzen. Herausnehmen, etwas abkühlen lassen und mit dem Gemüse füllen.

2 Saure Sahne, Jogurt und Schnittlauch miteinander verrühren. Knoblauch zerdrücken und hinzufügen. Mit Salz und Pfeffer abschmecken. Dip in die Tacos füllen und gleich servieren.

extra fettarm

PRO STÜCK:
65 kcal
3 g Fett
15 Minuten
schnell · günstig · superfit · einfach

Special Tipp

Pikante Pflaumen

Geht auch am Strand: Zutaten in separaten Boxen als Kit mitnehmen, auf Barbecuespieße stecken und ins Lagerfeuer halten.

16 Trockenpflaumen
8 eingelegte grüne Peperoni
8 Scheiben Bacon
16 Holzstäbchen

1 Pflaumen aufschneiden und mit einer halben Peperoni füllen. Mit einer halben Scheibe Bacon umwickeln und feststecken.

2 Unter dem Grill knusprig bräunen.

Essen mit den Fingern

Special Tipp

Gar nicht spießig

Zahnstocher oder Barbecuespieße sorgen dafür, dass Fingerfood ohne Flecken auf dem Partydress in den Mund wandert. Geschickt gesteckt sind beispielsweise Mozzarellakugeln, die in rotem und grünem Pesto gerollt und dann im Wechsel mit Basilikum und Kirschtomaten auf Spieße gezogen werden.

Spieße kurz in Wasser einweichen. Dann zieht sich das Essen leicht ab.

Hackbällchen mit KARAMBOLE

ZUTATEN

FÜR 16 STÜCK

200 g gemischtes Hackfleisch
25 g gehackte Pistazien
1 rote Peperoni
1 TL Jodsalz
1 Prise Zimt, 1 TL Kurkuma
1/2 TL Kreuzkümmel
1 EL fettarmer Jogurt
1 EL Öl
3 Karambolen (Sternfrüchte)
8 kleine Holzspieße

FRISCHE-CHECK:
Hackfleisch

1 Hackfleisch und Pistazien in eine Schüssel geben. Peperoni entkernen und in hauchdünne Ringe schneiden, zufügen. Salz, Gewürze und Jogurt dazugeben. Die Masse durchkneten und mit den Händen 16 Bällchen formen.

2 Öl in einer Pfanne erhitzen und Hackbällchen 6 Minuten unter ständigem Wenden anbraten, herausnehmen, auf Küchenkrepp abtropfen lassen. Karambolen in dünne Scheiben schneiden. Hackbällchen mit Karambolenscheiben aufspießen.

extra fettarm

PRO STÜCK:
40 kcal
3 g Fett
15 Minuten — schnell, günstig, superfit, einfach

FISCHBÄLLCHEN am Zitronengras-Spieß

extra fettarm

1 Zanderfilet bei Bedarf entgräten. Sorgfältig unter fließendem Wasser abspülen, vorsichtig mit Küchenkrepp trocken tupfen. Ein Drittel pürieren, den Rest sehr fein würfeln. Eiweiß, 1 TL Salz und Curry untermischen.

2 Ingwer schälen, Chilischote entkernen. Ingwer in Scheiben schneiden, stapeln und fein schneiden. Beides sehr fein hacken und zum Fisch geben. Petersilie hacken. Limette auspressen, etwas Schale abreiben. Alles sorgfältig unterziehen. Speisestärke einarbeiten und mischen, bis ein fester Teig entsteht.

3 Hände kalt abspülen und den Fischteig mit feuchten Händen zu Kügelchen formen. Im heißen Öl bei Mittelhitze von allen Seiten goldbraun braten.

4 Zitronengrasstiele säubern und der Länge nach halbieren. Kügelchen aufstecken und etwas auskühlen lassen. Falls gewünscht, auf Salatblättern anrichten.

PRO STÜCK:
60 kcal
3 g Fett
25 Minuten
superfit

ZUTATEN

FÜR 8 STÜCK

200 g Zanderfilet
1 Eiweiß
Jodsalz
1/2 TL Currypulver
2 cm Ingwerwurzel
1 kleine rote Chilischote
4 Stiele glatte Petersilie
1 Limette
1 EL Speisestärke
2 EL Öl
4 Stiele Zitronengras

FRISCHE-CHECK: Zanderfilet

Essen mit den Fingern

Grüner Spargel in SERRANOSCHINKEN

▶ **LINKS**

Serranoschinken wird gepökelt und muss mindestens zwölf Monate lang an der Luft trocknen. Nicht nur optisch, sondern auch geschmacklich passt er toll zu grünem Spargel, aber ebenso zu mediterranem Obst.

ZUTATEN

FÜR 8 PORTIONEN

10 Stangen grüner Spargel
100 g Raukeblätter
100 ml Gemüsebrühe
5 große Erdbeeren
150 g Serranoschinken in hauchdünnen Scheiben
schwarzer Pfeffer aus der Mühle
50 g Parmesankäse, gerieben

FRISCHE-CHECK:
grüner Spargel

1 Spargel und Rauke abspülen, abtropfen lassen. Die holzigen Spargelenden abbrechen. Spargel längs halbieren und in der Brühe bissfest garen. Aus der Brühe nehmen, abtropfen und etwas auskühlen lassen.

2 Erdbeeren in dünne Scheiben schneiden. ▶**Serranoschinken** mit Pfeffer und Parmesan würzen. Einige Erdbeerscheiben und eine halbierte Spargelstange in die Mitte legen. Schinken fest aufwickeln und mit einem Raukeblatt „zubinden".

PRO STÜCK:
85 kcal
5 g Fett
15 Minuten — schnell · günstig · superfit · einfach

Filet-Burger mit AVOCADOMUS

1 Filet würzen. Im Öl von jeder Seite rosig braten und in dünne Scheiben schneiden. Avocado zerdrücken. Zitronensaft, Sojasauce, Gewürze und etwas Thymian unterrühren.

2 Brötchen halbieren und mit Avocadomus bestreichen. Mit einem Salatblatt und einigen Filetstreifen belegen und nach Wunsch mit Thymianblättchen garnieren.

ZUTATEN

FÜR 8 STÜCK

200 g Schweinefilet

Jodsalz

weißer Pfeffer

1 TL Pflanzenöl

1 Hass-Avocado

1 EL Zitronensaft

einige Spritzer Sojasauce

1/2 Bund Thymian, abgerebelt

8 kleine Partybrötchen

8 Salatblätter

FRISCHE-CHECK:
Avocado

Special Tipp: Biofleisch vom Hof

Seit einigen Jahren bieten engagierte Biohöfe Fleisch aus artgerechter Haltung im Versand an. Lebensmittelsicher eingeschweißt gelangen Aufschnitt, Schinken und Fleisch per Post zum Verbraucher.

Mittlerweile auch im Internet vertreten.

SATÉSPIESSE mit Rind und Hähnchen

1 Filet waschen, trocken tupfen und in 2 cm große Würfel schneiden. Sojasauce mit Sesamöl und Curry zu einer Marinade verrühren. Fleischwürfel und Marinade in einen festen Plastikbeutel mit sicherem Verschluss füllen und das Fleisch 1 Stunde marinieren.

2 Frühlingszwiebeln putzen und in Ringe schneiden. Knoblauchzehen schälen und hacken. Ingwer schälen, in dünne Scheiben schneiden, übereinander stapeln und ebenfalls fein hacken. Fenchel putzen, den Strunk herausschneiden, Fenchel fein würfeln. In einem Topf 1 EL Öl erhitzen. Gemüse, Nelken und Chilipulver darin scharf anbraten. Mit Kokosmilch und Gemüsefond ablöschen. Die Gemüsesauce bei geschlossenem Deckel 20 Minuten lang sanft köcheln lassen.

3 Limette abspülen, trocken reiben und je nach Größe in Scheiben oder in Viertel schneiden. Das Fleisch aus der Marinade heben, abtropfen lassen und die Marinade auffangen. Fleischwürfel im Wechsel mit den Limettenstücken auf Holzspieße stecken.

4 Das restliche Öl in einer beschichteten Pfanne erhitzen und die Spieße darin von allen Seiten 8 Minuten braten. Nelken aus der Sauce nehmen. Die Sauce nochmals abschmecken und mit den Satéspießen servieren.

ZUTATEN

FÜR 16 SPIESSE

400 g Bio-Rinderfilet

400 g Hähnchenfilet

5 EL Sojasauce

2 EL Sesamöl

1 EL Currypulver

3 Frühlingszwiebeln

3 Knoblauchzehen

2 cm Ingwerwurzel

200 g Fenchel

2 EL Weizenkeimöl

3 Gewürznelken

1 Messerspitze Chilipulver

100 ml Kokosmilch

4 EL Gemüsefond

1 Limette

Jodsalz

FRISCHE-CHECK:
Frühlingszwiebeln

Essen mit den Fingern

HOT Mango-Chips

ZUTATEN

FÜR 16 STÜCK

2 cm Ingwerwurzel
1 Schalotte
200 g Rinderhack
1 EL Öl
Jodsalz
1 TL Garam masala (indische Gewürzmischung)
16 Krabbenchips (etwa Hot Kroupuk von Bamboo Garden)
1 Mango

FRISCHE-CHECK:
Mango

extra fettarm

1 Ingwer und Schalotte schälen. Ingwer in feine Scheiben schneiden, stapeln und sehr fein würfeln. Schalotte fein hacken. Mit Hackfleisch im heißen Öl durchbraten, mit Salz und Garam masala abschmecken.

2 Aromatisiertes Hackfleisch mit einem Löffel in die Krabbenchips füllen. Mango in 16 Spalten schneiden und auf die gefüllten Chips setzen.

PRO STÜCK:
50 kcal
2 g Fett
10 Minuten — schnell, günstig, superfit, einfach

Special — Supersimpel: Käsegebäck mit Pecorinogeschmack

FÜR 12 KÄSESTANGEN
1/2 Päckchen Trockenhefe, 2 EL Milch, 180 g Mehl (Type 550), 1/2 TL Jodsalz, 1/2 TL Paprika edelsüß, 50 g Margarine, 25 g frisch geriebener Pecorino, etwas Mehl zum Ausrollen, 1 Ei, 3 TL Sesamsaat, Backpapier

1 Hefe in lauwarmer Milch auflösen. Mehl dazu sieben. Mit Salz, Paprika, Margarine und Käse zu einem Teig verkneten und abgedeckt an einem warmen Ort 30 Minuten gehen lassen.

2 Teig zu 12 Stangen formen. Auf Backpapier nochmals 10 Minuten gehen lassen. Ei mit 1 EL Wasser verquirlen. Die Käsestangen damit bestreichen und anschließend mit Sesamsaat bestreuen.

3 Stangen im Ofen 10 Minuten bei 180 °C backen, bis sie eine goldbraune Farbe angenommen haben.

SCHARFE Röllchen

ZUTATEN

FÜR 8 STÜCK

8 Yufka-Blätter (türkischer Blätterteig)
8 TL Ajvar (türkische Paprikapaste)
2 Möhren
100 g Champignons
Jodsalz
Pfeffer
50 g Schafskäse
2 EL Olivenöl

FRISCHE-CHECK:
Möhren

extra fettarm

1 Teigblätter auf einem Brett ausbreiten und mit Ajvar bestreichen. Möhren und Champignons putzen, Möhren raspeln, Champignons sehr fein hacken, beides vermengen und pikant würzen. Füllung auf dem unteren Drittel der Teigblätter verteilen und etwas Schafskäse darüber bröseln.

2 Vorsichtig aufrollen, leicht andrücken und im heißen Öl von beiden Seiten 5 Minuten braten. Sofort servieren.

PRO STÜCK:
80 kcal
3 g Fett
10 Minuten — schnell, günstig, superfit, einfach

Radicchio mit ZIEGENKÄSE

1 Käse in acht Röllchen teilen und die Radicchioblätter damit belegen. Limettensaft, Honig, Fenchelsamen und Pfeffer verrühren. Käse leicht damit beträufeln.

2 Jedes Blatt mit einer halben ▶**Feige** anrichten.

ZUTATEN

FÜR 8 PORTIONEN

40 g Ziegenkäse (45 % Fett)
8 Radicchioblätter
1 EL Limettensaft
1 TL Honig
1 TL Fenchelsamen
schwarzer Pfeffer
4 frische Feigen, halbiert

FRISCHE-CHECK:
Feigen

▶LINKS

Feigen sind in Deutschland aufgrund ihres Preises immer noch Luxus. Schade: Sie sind sehr gesund und schmecken toll. Nie lange lagern und nur im vollreifen Zustand verzehren, sonst kann der Saft Allergien auslösen.

Knoblauch-MUSCHELN

ZUTATEN

FÜR CIRCA 20 STÜCK

400 g Miesmuscheln mit Schale
2 Lorbeerblätter
1 Zwiebel
1 l Gemüsebrühe (Instant)
2 cl Sherry
3 EL Mayonnaise
3 EL Jogurt
3 Knoblauchzehen
1 TL Piment, gemahlen
3 Zweige Dill

FRISCHE-CHECK:
Muscheln

1 Muscheln säubern. Lorbeerblätter und die geschälte, halbierte Zwiebel ohne Fett in einem Topf anrösten. Mit einem Liter Wasser aufgießen. Brühe darin auflösen. Muscheln und Sherry zufügen. Muscheln 10 Minuten darin ziehen lassen.

2 Mayonnaise und Jogurt verrühren. Knoblauch zerdrücken, hinzufügen. Mit Piment abschmecken. Muscheln abgießen. Ungeöffnete Schalen wegwerfen.

3 Die Muschelhälften mit dem Fleisch auf einer Platte nebeneinander auslegen. Auf jede einen Klecks Knoblauchcreme geben. Mit Dillspitzen garnieren.

extra fettarm

PRO STÜCK:
40 kcal
1 g Fett
20 Minuten — schnell · günstig · superfit · einfach

! Special Tipp — Muschelkunde

Muscheln unter fließend kaltem Wasser sorgfältig waschen, bei Bedarf schrubben oder mit einem Messer abschaben. Dann den so genannten Bart abziehen, eigentlich ein Haftfaden, mit dem sich die Muschel an Pfählen festkettet. Geöffnete Muscheln unbedingt wegwerfen!

GARNELENSPIESSE
mit scharfem Dip

extra fettarm

1 Garnelen schälen, den schwarzen Darm entfernen. Limettensaft, Sambal oelek, Koriander und Sesamöl verquirlen. Garnelen mit der Hälfte der Marinade bestreichen und 1 Stunde durchziehen lassen.

2 Vom Lauch zwei bis drei äußere Blätter lösen, waschen und in Streifen schneiden. Garnelen auf Spieße ziehen. Mit einem Lauchstreifen umwickeln und im heißen Öl 3 Minuten braten.

3 Restliche Marinade mit Ajvar glatt rühren und mit gehacktem Koriander bestreuen. Als Dip zu den Spießen reichen.

PRO STÜCK:
65 kcal
2 g Fett
70 Minuten

ZUTATEN

FÜR 8 STÜCK

8 frische Riesengarnelen mit Schale

Saft von 1 Limette

1 TL Sambal oelek

1 TL gemahlener Koriander

1 TL Sesamöl

1 Lauchstange

Holzspieße

1 EL Öl

1 EL Ajvar (türkische Paprikapaste)

2 Stiele frischer Koriander

FRISCHE-CHECK:
Riesengarnelen

MINI-CRÊPES mit Lachs und Kresse

ZUTATEN

FÜR 8 STÜCK

250 ml Milch
2 Eier
Jodsalz
80 g Weizenmehl
1 EL Öl zum Ausbacken
50 g fettreduzierter Frischkäse
1 EL Magerquark
1 TL Waldhonig
weißer Pfeffer aus der Mühle
1 Beet Kresse
200 g Räucherlachs in Scheiben

FRISCHE-CHECK:
Kresse

1 Milch, Eier und Jodsalz in einer Schüssel schaumig schlagen. Mehl nach und nach unterrühren. Öl in einer beschichteten Pfanne erhitzen und aus dem Teig 8 Crêpes ausbacken. Crêpes zum Abkühlen beiseite stellen.

2 Frischkäse und Magerquark mit dem Waldhonig und etwas Mineralwasser cremig rühren. Mit Pfeffer pikant abschmecken. Mit einer Schere die Kresse abschneiden und unter die Frischkäsecreme rühren.

3 Crêpes auf einer Arbeitsplatte ausbreiten. Jede Crêpe dünn mit Kresse-Frischkäse bestreichen und mit etwas Lachs belegen.

4 Fest aufrollen und mit einem scharfen Messer in 4 bis 5 cm dicke Scheiben schneiden.

PRO STÜCK:
170 kcal
9 g Fett
15 Minuten   schnell   günstig   superfit   einfach

PINIENKERN-Sandwiches

1 Fleisch 12 Minuten in der Brühe garen. Pinienkerne in einer Pfanne ohne Öl rösten. Hähnchenbrust mit Pinienkernen, saurer Sahne und getrockneten Tomaten in einem Mixer oder mit dem Handrührgerät pürieren, mit Salz und Pfeffer abschmecken.

2 Basilikumblätter von den Stielen zupfen und in feine Streifen schneiden. Unter die Creme rühren. Salatblätter abspülen, trocken schütteln und in mundgerechte Stücke zupfen.

3 Brot entrinden, toasten und die Hälfte der Scheiben mit Salat belegen. Die restlichen Scheiben mit Creme bestreichen und fest auf die mit Salat belegten Toasts drücken. Sandwiches diagonal vierteln und servieren.

ZUTATEN

FÜR 12 STÜCK

100 g Hähnchenbrustfilet
100 ml Hühnerbrühe
2 EL Pinienkerne
2 EL saure Sahne
2 getrocknete Tomaten
Jodsalz
weißer Pfeffer aus der Mühle
etwas Basilikum
einige Blätter Friséesalat
6 Scheiben Toastbrot

FRISCHE-CHECK:
Friséesalat

PRO STÜCK: 46 kcal / 2 g Fett / 15 Minuten — schnell, günstig, superfit, einfach

Arabische PIZZIES mit Lammhack

1 Mehl in eine Schüssel geben, eine Mulde in die Mitte drücken und die Hefe hineinbröseln. Lauwarmes Wasser und Salz hinzufügen und alles verrühren. Teig zugedeckt an einem warmen Ort 2 Stunden gehen lassen. Dann das Öl zum Teig geben und kneten, bis er geschmeidig ist. Nochmals 1 Stunde zugedeckt gehen lassen.

2 Knoblauch hacken. Im Zitronenöl dünsten, Hack dazugeben, salzen und pfeffern, knusprig braten. Frühlingszwiebeln in Ringe schneiden. Teig in 8 Portionen teilen, zu kleinen Kreisen ausrollen und auf ein Backblech legen. Ajvar mit Gewürzen verrühren und auf den Pizzies verstreichen. Hack darauf verteilen. Saure Sahne darüber geben und mit Frühlingszwiebeln bestreuen. Bei 180 °C 20 Minuten backen.

ZUTATEN

FÜR 8 KLEINE PIZZEN

1 Würfel frische Hefe (42 g)
1 Tasse warmes Wasser
2 TL Jodsalz
2 EL Olivenöl
1 Knoblauchzehe
1 TL Zitronenöl
300 g Lammhack
schwarzer Pfeffer aus der Mühle
4 Frühlingszwiebeln
6 EL Ajvar (Paprikapaste)
1 TL Kreuzkümmelpulver
1/2 TL Chilipulver
1 TL gemahlener Koriander
3 EL saure Sahne

FRISCHE-CHECK:
Lammhack

PRO STÜCK: 450 kcal / 23 g Fett / 3,5 Stunden — günstig

Essen mit den Fingern

LEMON-Cakes

ZUTATEN

FÜR 6 PERSONEN

Papierförmchen (Ø 8 cm)
2 TL gehobelte Mandeln
4 Vollkornbutterkekse
30 g Cornflakes
3 EL Lavendelhonig
120 g Frischkäse (fettreduziert)
60 g Magerquark
50 g milder Ziegenfrischkäse
3 1/2 TL Speisestärke
3 unbehandelte Limetten
2 Eier
1 Prise Vollrohrzucker
1 unbehandelte Orange
2 EL Zuckersirup
1 EL gemahlene Pistazien

FRISCHE-CHECK:
Ziegenfrischkäse

1 Papierförmchen in die Vertiefungen einer Muffinform setzen. Mandeln hacken, in einer Pfanne ohne Öl rösten. Kekse und Cornflakes fein zerbröseln. Mit Mandeln, 1 TL Honig und 1 TL Wasser vermengen und verkneten, bis der Honig gleichmäßig verteilt ist. Die Keksmischung als Boden in die Papierförmchen verteilen und festdrücken.

2 Frischkäse, Quark, Ziegenfrischkäse, 1 EL Honig und 2 TL Speisestärke verquirlen. 1 Limette mit heißem Wasser abspülen, trocken reiben und die Schale fein abreiben. Eier trennen. Eigelb und Limettenschale unter die Frischkäsecreme rühren. Eiweiß mit einer Prise Zucker steif schlagen und vorsichtig unter die Creme heben.

3 Creme in die Papierförmchen füllen und das Muffinblech in den Ofen stellen. Zusätzlich eine mit Wasser gefüllte feuerfeste Form auf dem Ofenboden platzieren. Cakes 25 Minuten bei 125 °C backen. Mehrere Stunden (am besten über Nacht) im Kühlschrank kalt stellen. Restliche Limetten und Orange heiß abwaschen, trocken reiben, die Schale abreiben und den Saft auspressen.

4 Zuckersirup, 1 EL Orangenschale, 1 TL Limettenschale, 1 EL Orangensaft und restliche Stärke verrühren, kurz aufkochen lassen und mit Honig abschmecken. Die Mischung leicht abkühlen lassen und mit einem Löffel dünne Linien über die Cakes malen. Mit Pistazienkernen bestreuen und kalt stellen. Vor dem Servieren die Küchlein aus den Papierförmchen lösen und auf kleinen Tellern anrichten.

PRO STÜCK: 215 kcal, 10 g Fett, 40 Minuten — schnell, günstig, superfit, einfach

Mini-Windbeutel mit ZITRONENFÜLLUNG

ZUTATEN

FÜR 8 STÜCK

30 g Butter
1 Prise Jodsalz
80 g Weizenmehl
2 Eier
1/2 TL Backpulver
1/2 unbehandelte Zitrone
80 g Magerquark
1 Vanilleschote
1 EL Sahne
1 EL Puderzucker

FRISCHE-CHECK:
Eier

1 Für den Brandteig 1/8 l Wasser mit Butter und Salz zum Kochen bringen. Topf von der Kochstelle nehmen. Das Mehl unter Rühren zugeben. Teig bei schwacher Hitze weiter rühren, bis er sich zu einem festen Kloß zusammenballt.

2 Teig in eine Schüssel geben und sofort 1 Ei mit dem Knethaken des Handrührgeräts einarbeiten. Den Teig lauwarm abkühlen lassen. Zweites Ei und Backpulver in den Teig einkneten. Den Backofen auf 160 °C vorheizen.

3 Ein Backblech einfetten und mit Mehl bestäuben. Mit einem Spritzbeutel 8 Teigkügelchen auf das Blech setzen, dabei auf ausreichenden Abstand achten. Im Ofen 35 Minuten backen, bis die Windbeutel leicht gebräunt sind. Achtung: in den ersten 20 Minuten nicht die Backofentür öffnen!

4 Windbeutel halbieren und etwas abkühlen lassen. Zitrone heiß abspülen, die Schale abreiben und den Saft auspressen. Quark, Zitronensaft und -schale, Vanillemark, Sahne und Puderzucker miteinander verrühren. Windbeutel mit der Zitronencreme füllen und bis zum Servieren kalt stellen.

PRO STÜCK: 105 kcal, 6 g Fett, 50 Minuten — schnell, günstig, superfit, einfach

HEIDELBEER-
Muffins mit Zimt

Special Tipp: Schoko-Früchte

Prallsüße Erdbeeren und aparte Physalis waschen; Stiele jedoch nicht entfernen. In einem Wasserbad Kuvertüre zerlassen, die Früchtchen am Stiel packen, zu zwei Dritteln eintauchen, mit Hagelzucker bestreuen und auf Alufolie fest werden lassen. Auf Eiswürfeln servieren.

1 Eine Muffinform mit Papierförmchen auslegen. Die Heidelbeeren vorsichtig abspülen und gut abtropfen lassen. Mehl mit Backpulver, Zimt und Haselnüssen vermischen. Ei in einer Schüssel verquirlen. Zucker, Öl und Yofu unterrühren.

2 Die Mehlmischung nach und nach mit dem Handrührgerät in die Yofu-Ei-Masse einrühren. Die Hälfte der Heidelbeeren vorsichtig mit einem Teigschaber unter den Teig heben. Den Muffinteig mit einem Esslöffel in die vorbereiteten Papierförmchen verteilen. Formen nur zu zwei Dritteln füllen, da der Teig beim Backen noch aufgeht.

3 Restliche Heidelbeeren auf den Muffins verteilen. Im Backofen bei 180 °C 20 Minuten goldbraun backen. Die fertigen Muffins noch 5 Minuten im Backblech ruhen lassen. Dann herausnehmen und abkühlen lassen. Nach Belieben mit Puderzucker bestäuben.

ZUTATEN

FÜR CIRCA 12 MUFFINS

Papierförmchen
200 g Heidelbeeren
250 g Mehl
3 TL Backpulver
1/2 TL gemahlener Zimt
50 g gehackte Haselnüsse
1 Ei
140 g Vollrohrzucker
80 ml Sonnenblumenöl
280 g Yofu (Soja-Jogurt)

FRISCHE-CHECK:
Heidelbeeren

PRO STÜCK:
230 kcal
8 g Fett
40 Minuten — schnell, günstig, superfit, einfach

Essen mit den Fingern

asia Par

Die Asia-Küche ist in. Denn sie kann so ziemlich alles, von reduziert bis raffiniert. Kluge Zubereitungsmethoden sorgen für **niedrigen Fett- und hohen Vitamingehalt.** Auch wer vegetarisch oder einfach nur bewusster genießen möchte, liegt bei Sushi, Wan tan und Frühlingsrolle richtig.

Die Dekoration sollte so sein wie das Essen: geschmackvoll und schlicht. Auf warme Farben achten, das gibt Stimmung.

In der Asia-Küche spielt die ansprechende Optik der Speisen und der Dekoration eine große Rolle.

Eingelegten Ingwer und Sojasauce sparsam dosieren: Sie überdecken leicht den feinen Fischgeschmack.

Essen mit Stäbchen

Überraschung! Ob Frühlingsrolle, Wan tan, Dim sum: Die asiatische Küche wickelt, dreht, rollt und verpackt mit Begeisterung. Handfeste Happen sind das Resultat. Vorteil: Sie lassen sich leicht selbst machen.
▸**Teigblätter** dazu gibt es im Asia-Supermarkt. Zum Beispiel für Wan tan, gefüllt mit eingeweichten Mu-err-Pilzen, Maiskörnern, Tofu und Frühlingszwiebeln, mit Sojasauce, wenig Sesamöl, Kresse, Salz und Pfeffer abgeschmeckt. Aus den viereckigen Wan-tan-Platten werden dann kleine, gefüllte Säckchen gedreht. **Im Asia-Laden finden sich auch die exotischsten**
▸**Saucen** dazu. Pflaumensauce, Hoisinsauce und scharfe Chilisauce eignen sich am besten. Tipp: Je schärfer die Sauce, desto geschmacksintensiver darf auch der Drink sein.

Sushi-Reis: eine runde Sache. Ein echter japanischer Sushi-Koch formt seine Sushi aus einer geheimen Mischung verschiedener Reissorten. Aber der muss auch bis zu sieben Jahren sein Handwerk lernen, um sich als richtiger *itamae* bezeichnen zu dürfen! Doch Überperfektionismus ist nicht angebracht, wenn man für Freunde Sushi fertigt, und auch nicht nötig: Im Asia-Laden gibt es den japanischen Rundkornreis *kome,* der toll schmeckt und sich gegart gut formen und rollen lässt. Reisweinessig, der die Würze gibt, findet sich mittlerweile schon im Supermarktregal. Und so wird's gemacht: Körner waschen, bis das Wasser klar bleibt. Reis und Wasser im Verhältnis 1:1 in einem Topf abgedeckt 2 Minuten sprudeln lassen, dann 15 Minuten auf niedriger Flamme garen, bis der *kome* die ganze Flüssigkeit aufgesogen hat. Reis mit Reisessig, Zucker und Salz aromatisieren (auf 100 g gekochten Reis 1 EL Reisessig und je 1/2 Teelöffel Zucker und Salz), bei Zimmertemperatur abkühlen lassen und dabei mehrfach mit einem Reisspatel oder Löffel durchrühren. Bis zur Verwendung mit einem feuchten Tuch abdecken. **Achtung: Sushi-Reis am besten einen Tag vor der Party zubereiten.** Dazu passen am besten Sake oder Getränke mit grünem Tee.

Einladung zur **Sushi-Party:** Die macht Gastgeber und Gästen besonders viel Spaß, wenn zusammen gerollt und geformt wird. Pro Person 8 bis 10 Häppchen rechnen und die Bandbreite zwischen Fisch, Gemüse und Omelette (alternativ süß) ausschöpfen, damit jeder Gast auf den Geschmack kommt. **Bei mehreren Helfern in zusätzliche Bambusmatten zum Rollen investieren.** Fisch am Morgen der Party kaufen, auf einem Teller im Kühlschrank aufbewahren und erst direkt vor dem Zubereiten schneiden, sonst wirkt er nicht mehr appetitlich frisch. Mit Wasabi und Sojasauce servieren. Wer mag, kann den Schärfegrad der Sushi durch etwas in die Sojasauce eingerührten Wasabi verstärken. Die *shoyu*-Sojasauce aus Japan ist am hochwertigsten und wenig gesalzen.

▶ LINKS

Teigblätter gibt es als TK-Ware – Vorrat anlegen! Getrocknete Blätter (Reispapier) halten ewig.

Saucen aus dem Asia-Markt sind vielseitig. Raffinierte Mogelpackung: gekaufte TK-Dim-sum mit scharfen Saucen servieren und diese mit frischem Ingwer und Koriandergrün optisch aufpeppen.

Oben: Das FIT FOR FUN-Restaurant baut die größte Sushi-Rolle der Welt für einen Eintrag ins Guinness-Buch der Rekorde. Sushi: in Japan einst eine Notlösung zur besseren Haltbarmachung von Frischfisch. Heute hohe Kochkunst.

Essen mit Stäbchen

Essen mit Stäbchen

TUNA-Nigiri

1 Sushi-Reis zu mundgerechten Häppchen formen. Körner zusammenpressen, damit sie gut aneinander haften.

2 Tunfisch in hauchdünne Scheiben schneiden.

3 Die Oberseite der Happen mit ▶Wasabi bestreichen, den vorbereiteten Belag darauf legen und glatt streichen.

PRO STÜCK:
58 kcal
2 g Fett
3 Minuten
schnell · günstig · superfit · einfach

ZUTATEN

FÜR 6 STÜCK

2 Hand voll gekochter Reis

100 g Tunfisch ohne Haut

2 Fingerspitzen Wasabi

FRISCHE-CHECK:
Tunfisch

▶LINKS

Wasabi wird (botanisch falsch) gern als japanischer Meerrettich bezeichnet. Die höllisch scharfe Wurzel bekommt man nur in Japan frisch. Bei uns in Tuben oder in Pulverform zum Selbstanrühren.

Special Tipp: Die kleine Sushi-Grundausstattung

Probierlust auf exotische Länderküchen muss keine Neubestückung der heimischen Küche nach sich ziehen. Um Sushi für den Freundeskreis zu basteln, braucht man eigentlich nur Stäbchen und eine Bambusrollmatte. Die lässt sich unter fließendem heißem Wasser spielend reinigen (alternativ wird sie durch Küchenfolie geschützt). Schön sind jedoch auch ein Reiskocher, eine Anschaffung, die in keinem asiatischen Haushalt fehlt und für perfekt gekochten Reis sorgt, sowie ein Satz Profimesser, vom asiatischen breiten Hackmesser für Gemüsestreifen über das dünne Filetiermesser für Fischfilets bis zum superscharfen, mittelgroßen Messer, das die Maki-Rolle sauber zerteilt.

LACHS-Nigiri

1 Sushi-Reis zu mundgerechten Häppchen formen und zusammenpressen, damit die Körner gut aneinander haften.

2 Den Lachs in hauchdünne Scheiben schneiden.

3 Die Reishappen an der Oberseite mit dem Wasabi bestreichen.

4 Mit dem vorbereiteten Fischstück belegen und an der Oberseite sorgfältig glatt streichen.

ZUTATEN

FÜR 6 STÜCK

2 Hand voll gekochter Sushi-Reis (circa 100 g)

100 g Lachsfilet ohne Haut

2 Fingerspitzen Wasabi

FRISCHE-CHECK:
Lachsfilet

PRO STÜCK:
54 kcal
2 g Fett
3 Minuten
schnell · günstig · superfit · einfach

Essen mit Stäbchen

Tuna-Maki im Vordergrund. Lachs-Maki und Garnelen-Nigiri dahinter im Bild.

Tuna-MAKI mit Rauke und Limette

ZUTATEN

FÜR 6 STÜCK

50 g Tunfisch
1 unbehandelte Limette
einige Raukeblätter
1/2 Algenblatt (Nori)
1 Hand voll gekochter Sushi-Reis (circa 50 g)
1 Fingerspitze Wasabi

FRISCHE-CHECK:
Tunfisch

1 Tunfisch mit einem scharfen Messer in Streifen schneiden. Limette waschen, abtrocknen und die Schale abreiben. Raukeblätter waschen und abtropfen lassen.

2 Algenblatt mit Reis belegen und mit Wasabi bestreichen.

3 Reis mit Limettenschale, Fisch und Rauke belegen und das gefüllte Algenblatt in der Bambusmatte aufrollen.

4 Mit einem scharfen Messer in sechs Stücke schneiden.

extra fettarm

PRO STÜCK:
35 kcal
1 g Fett
10 Minuten — schnell · günstig · superfit · einfach

GARNELEN-Nigiri

1 ▶**Garnelen** auf Holzspießchen stecken: So bleiben sie beim Garen gestreckt.

2 Zitronen-Salz-Wasser erhitzen und Garnelen darin 3 Minuten garen.

3 Aus dem Wasser heben und an der Unterseite dünn mit Wasabi bestreichen.

4 Reis zu Häppchen formen und auf die mit Wasabi bestrichene Seite drücken.

ZUTATEN

FÜR 6 STÜCK

6 geschälte, entdarmte Garnelen (am besten Giant Tiger Prawns)

Holzspießchen

Zitronensaft

Jodsalz

2 Fingerspitzen Wasabi

90 g gegarter Reis

FRISCHE-CHECK:
Garnelen

▶LINKS

Garnelen werden gerne für Sushi verwendet. Bei der Zubereitung darauf achten, dass der Darm vollständig entfernt wird: auf der Rückenseite in der Mitte anschneiden, das Fleisch auseinander klappen und den Darm einfach herausziehen. Dann abspülen und trocken tupfen.

PRO STÜCK: 55 kcal, 1 g Fett, 8 Minuten — schnell, günstig, superfit, einfach

Tipp: Algen – ganz und gar keine Pest

Das Schönheitsmittelchen heutiger Tage hat lange kulinarische Tradition. Vor allem Japan liebt Algen, ob als Salat, Einlage der Misosuppe oder Sushi. Drei supergesunde Arten gibt es: Braunalgen *(kombu, wakame)*, Grünalgen und Rotalgen, aus denen das Nori-Blatt für Sushi gewonnen wird. Nori werden nach dem Trocknen gehackt, zu Blättern gepresst und geröstet.

Algen stecken voller Proteine, Mineralien, leicht verdaulicher Kohlehydrate und haben kaum Fett.

Lachs-MAKI mit Erdnussbutter

1 Lachs und Lauchzwiebel in feine Streifen schneiden.

2 Algenblatt mit Reis beschichten und Wasabi und Erdnussbutter auf dem Reis verstreichen. Reis in der Mitte mit Fisch und Gemüse belegen und das gefüllte Algenblatt in der Bambusmatte aufrollen.

3 Mit einem scharfen Messer in sechs Stücke schneiden.

ZUTATEN

FÜR CIRCA 6 STÜCK

50 g Lachsfilet ohne Haut

1 geputzte Lauchzwiebel

1/2 Algenblatt (Nori)

1 Hand voll gekochter Reis (circa 50 g)

1 Fingerspitze Wasabi

1 Fingerspitze Erdnussbutter

FRISCHE-CHECK:
Lachsfilet

PRO STÜCK: 34 kcal, 1 g Fett, 10 Minuten — schnell, günstig, superfit, einfach

Essen mit Stäbchen

Vorne California Roll, dahinter Nigiri-Sushi mit Omelette.

URA MAKI SUSHI: California Roll

ZUTATEN

FÜR 6 STÜCK

3 El weiße Sesamsaat
60 g Surimi
100 g Salatgurke
1/2 reife Avocado
1 TL Zitronensaft
2 Algenblätter (Nori)
240 g gekochter Sushi-Reis
1 El fettarme Mayonnaise
1 TL Wasabi

FRISCHE-CHECK: Avocado

1 Sesamsaat in einer Pfanne ohne Öl anrösten, aus der Pfanne nehmen und beiseite stellen. Surimi trocken tupfen und längsseits halbieren. Gurke waschen, trocken reiben und in 1/2 cm breite Streifen schneiden. Avocado schälen, Stein entfernen und Fruchtfleisch mit Zitronensaft beträufeln.

2 Bambusmatte mit Frischhaltefolie umwickeln und ein Nori-Blatt mit der glatten Seite nach unten darauf legen. Die Hälfte des Reises auf dem Blatt verteilen und festdrücken, dabei oben und unten einen Rand lassen. Das Blatt vorsichtig wenden, so dass die Reisseite auf der Bambusmatte liegt.

3 Mayonnaise und Wasabi verrühren und auf das untere Drittel des Algenblatts einen dünnen Strich streichen. 2 Surimi-Stäbchen, die Hälfte der Gurke und die Hälfte der Avocado auf die Wasabi-Mayonnaise legen. Das so gefüllte Reis-Algenblatt mit Hilfe der Bambusmatte fest aufrollen und dabei immer wieder mit den Händen von innen nach außen streichen. Aus den restlichen Zutaten eine weitere Rolle formen. Beide Rollen mit einem scharfen Messer in 6 Stücke schneiden und die Maki-Stücke einzeln in gerösteter Sesamsaat wenden.

PRO STÜCK:
115 kcal
5 g Fett
15 Minuten — schnell, günstig, superfit, einfach

Nigiri-Sushi mit OMELETTE

1 Für das Omelette Eier, kalte Gemüsebrühe, Sojasauce, Zucker, Salz und Mirin kräftig aufschlagen, bis sich Zucker und Salz ganz aufgelöst haben. Öl in einer kleinen, eckigen beschichteten Pfanne erhitzen, zwei etwa 1 cm dicke Omelettes backen und abkühlen lassen.

2 Beide Omelettes in vier gleich große Rechtecke schneiden. Das Algenblatt in acht 2 cm breite Streifen schneiden.

3 Den Reis mit feuchten Händen zu acht länglichen Klößen formen und mit etwas Wasabi bestreichen.

4 Jedes Klößchen mit einem Omelettestück belegen, behutsam andrücken und in der Mitte mit einem Nori-Streifen umwickeln.

ZUTATEN

FÜR 8 STÜCK

6 Eier

75 ml Gemüsebrühe

1 TL helle Sojasauce

2 EL Zucker

1 Messerspitze Salz

1 EL Mirin (japanischer Kochwein)

Öl zum Braten

1 Algenblatt (Nori)

1 TL Wasabi

150 g gekochter Sushi-Reis

FRISCHE-CHECK:
Eier

Vegetarische MAKI

1 Gurke in dünne Streifen schneiden, Avocado und Paprika hacken.

2 Die Bambusmatte mit dem Nori-Blatt belegen und den Reis darauf verteilen. Wasabi und Frischkäse auf dem Reis verstreichen und mit Gomasio bestreuen.

3 Gurke, Avocado und Paprika als Mittelstreifen auf dem Reis verteilen und das gefüllte Algenblatt in der Bambusmatte aufrollen.

4 Maki-Rolle mit einem scharfen Messer in sechs Stücke schneiden.

ZUTATEN

FÜR 6 STÜCK

30 g Salatgurke

30 g Avocado

30 g rote Paprika

1/2 Algenblatt (Nori)

1 Hand voll gekochter Sushi-Reis (circa 50 g)

1 Fingerspitze Wasabi

1 El Frischkäse

1 EL Gomasio

FRISCHE-CHECK:
Salatgurke

SASHIMI
mit Gemüse

ZUTATEN

FÜR CIRCA 8 PERSONEN

je 75 g extrafrischer Tunfisch,
Lachsfilet, Doradenfilet
50 g Rettich
2 Möhren
50 g Salatgurke
Wasabi
eingelegter Ingwer
Sojasauce

FRISCHE-CHECK:
Fisch

1 Gemüse putzen und in dekorative Scheiben oder Streifen schneiden.

2 Fischfilets abspülen, sorgfältig trocken tupfen. Mit einem scharfen Messer quer zur Faser und schräg in 1 cm dicke Scheiben schneiden.

3 Gemüse und ▶Sashimi auf einer Sushi-Platte anrichten. Dazu werden Wasabi, eingelegter Ingwer und Sojasauce gereicht.

extra fettarm

PRO STÜCK:
80 kcal
4 g Fett
10 Minuten — schnell — günstig — superfit — einfach

▶LINKS

Sashimi sind superelegant, einfach und kalorienarm. In Japan gelten sie als Krönung eines Essens: Die Qualität der Zutaten wird nicht durch Saucen überdeckt; Zubereitung und Darbietung mit fein geschnittenem Gemüse wecken außerdem selbst bei Ungeübten die Kreativität.

SWEET
California Roll

extra fettarm

1 Sesamsaat in einer Pfanne ohne Öl rösten, beiseite stellen und abkühlen lassen. Melone in feine Stäbchen schneiden. Papaya entkernen, ebenfalls in feine Stäbchen schneiden. Himbeeren mit Ahornsirup und Limettensaft pürieren.

2 Bambusmatte mit Frischhaltefolie umwickeln und mit der Hälfte der gerösteten Sesamsaat bestreuen. Die Hälfte des Reises mit angefeuchteten Fingern auf der Frischhaltefolie verteilen, dabei an der Längsseite einen kleinen Rand lassen. Auf das untere Drittel des Reises etwas Himbeerpüree verteilen und darüber die Hälfte der Früchtestäbchen als Linie legen.

3 Bambusmatte mit Folie vom gefüllten Ende aus fest aufrollen.

4 Zwischendurch mit den Händen von innen nach außen streichen: Das gibt dem Reis auch ohne Algenblatt Stabilität. Rolle mit einem scharfen Messer in 6 Stücke schneiden.

5 Die restlichen Zutaten zu einer zweiten Rolle verarbeiten.

ZUTATEN

FÜR 12 STÜCK

1 EL Sesamsaat

60 g geschälte Honigmelone

1/2 Papaya

1 EL Himbeeren

1 TL Ahornsirup

1 TL Limettensaft

120 g gekochter Sushi-Reis

FRISCHE-CHECK:
Papaya

PRO STÜCK:
25 kcal
1 g Fett
15 Minuten — schnell, günstig, **superfit**, einfach

Special Tipp: Für alle Fälle Wok

Im Wok lässt sich nicht nur scharf anbraten und dünsten, sondern auch dämpfen. Dim sum, die kleinen Vorspeisehäppchen aus der Tiefkühltruhe der Asia-Läden, sind auf dem Garaufsatz nach wenigen Minuten weich. Wok nach jeder Reinigung hauchdünn mit Öl ausstreichen: Das verhindert ein Anrosten des Metalls.

SCHWEINEFILET im scharfen Sesammantel

ZUTATEN

FÜR 6–8 PERSONEN

3 EL Weißweinessig
1 TL Zucker, 5 EL Weißwein
1 Zwiebel, 4 Knoblauchzehen
Jodsalz, 1/2 TL Chilipulver
800 g Schweinefilet
Pfeffer aus der Mühle
2 TL helle Sesamsaat
2 cm Ingwerwurzel
2 Eiweiß, 4 EL Speisestärke
1/2 l Pflanzenöl zum Frittieren

FRISCHE-CHECK: Ingwer

1 Essig, Zucker und Weißwein aufkochen. Zwiebeln und Knoblauch hacken und zum Weinsud geben. Mit Salz und Chilipulver würzen und 5 Minuten köcheln lassen.

2 Fleisch waschen, trocken tupfen, mit Salz und Pfeffer würzen und quer zur Faser in dünne Scheiben schneiden.

3 Sesamsaat in einer Pfanne ohne Öl goldbraun rösten. Ingwer fein reiben. Eiweiß steif schlagen. Sesamsaat, 2 EL Speisestärke und den Ingwer unter den Eischnee heben.

4 Pflanzenöl in einem Wok erhitzen. Fleisch in der restlichen Stärke wenden, dann durch den Eischnee ziehen und in heißem Öl goldbraun frittieren. Auf Küchenkrepp abtropfen lassen und mit dem scharfen Weinsud servieren.

PRO STÜCK: 190 kcal, 7 g Fett, 25 Minuten — schnell, günstig, superfit, einfach

RIESENGARNELEN
im Glasnudelmantel

1 Garnelen abspülen, trocken tupfen und eventuelle Darmreste entfernen. Mit Salz, Pfeffer und Limettensaft würzen. Glasnudeln nach Packungsanweisung mit kochendem Wasser übergießen und 10 Minuten quellen lassen, bis sie weich und durchsichtig sind.

2 Für den Dip Sojasauce, Essig, Jodsalz und Sambal oelek verrühren. Mango schälen, das Fruchtfleisch vom Stein schneiden und sehr fein würfeln. Frühlingszwiebel hacken. Mango und Frühlingszwiebel mit dem Dip mischen und ziehen lassen. Glasnudeln abtropfen lassen. Korianderkraut hacken.

3 Garnelen in Ei und Mehl wenden. Mit Koriander bestreuen und mit den Glasnudeln umwickeln. Öl in einem hohen Topf oder einem Wok zum Sprudeln bringen.

4 Garnelenpäckchen auf einer Schaumkelle im heißen Öl frittieren. Auf Küchenkrepp abtropfen lassen. Auf Chinakohlblättern anrichten und mit dem Dip servieren.

PRO STÜCK:
100 kcal
10 g Fett
10 Minuten
schnell günstig superfit einfach

ZUTATEN

FÜR 12 STÜCK

12 rohe, geschälte Riesengarnelen
Jodsalz
schwarzer Pfeffer aus der Mühle
Saft von 1 Limette
50 g Glasnudeln
3 EL Sojasauce
4 El Obstessig
1/2 TL Sambal oelek
1 Mango
1 Frühlingszwiebel
1/2 Bund frischer Koriander
1 Ei, 2 EL Mehl
Sonnenblumenöl zum Frittieren
einige Blätter Chinakohl

FRISCHE-CHECK: Koriander

Essen mit Stäbchen

Süße FRÜHLINGS-ROLLE mit Orangen-Dip

ZUTATEN

FÜR 8 STÜCK

2 unbehandelte Orangen
1/2 Vanilleschote
100 g Magerjogurt
3 Pflaumen
1 Pfirsich
50 g Johannisbeeren
4 Blätter Frühlingsrollenteig
1 Ei
2 EL Zucker
Sonnenblumenöl zum Frittieren

FRISCHE-CHECK:
Johannisbeeren

1 Orangen heiß abspülen, trocken reiben, die Schale abreiben und anschließend den Saft auspressen. Vanilleschote aufschneiden und das Mark herausschaben. Vanillemark, Orangensaft und -schale mit Jogurt glatt rühren.

2 Pflaumen und Pfirsich abspülen, trocken reiben, entsteinen und fein würfeln. Johannisbeeren mit einer Gabel vom Strunk ziehen. Teigblätter halbieren und auf einer Arbeitsplatte ausbreiten. Ei glatt rühren und die Ränder der Teigblätter damit bestreichen.

3 Obstwürfel und Beeren in die Mitte jedes Teigblatts füllen. Kanten einschlagen und die Teigblätter zusammenrollen. Jede Rolle in Zucker wenden.

4 Öl in einem Wok erhitzen. Die Frühlingsrollen einzeln mit einer Schaumkelle im Fett garen. Auf Küchenkrepp abtropfen lassen und mit der Jogurtsauce servieren.

PRO STÜCK:
150 kcal
5 g Fett
20 Minuten — schnell, günstig, **superfit**, einfach

Special Tipp

Wickeln ohne Ende

Frühlingsrollenteig hat Multifunktionstalent. Er lässt sich scharf, pikant, mild und natürlich süß füllen. Dabei mit viel Fantasie und knackig frischen Zutaten arbeiten. Wichtig: Knabberröllchen nach dem Frittieren auf Küchenkrepp abtropfen lassen oder mit Küchenkrepp sorgfältig trocken tupfen.

Asiatisches
MINI-OMELETTE

1 Ingwer schälen und sehr fein reiben. Bambussprossen abtropfen lassen. Zwiebel und Möhre schälen, fein hacken. Zuckerschoten waschen, Enden abknipsen und vierteln. Frühlingszwiebeln in hauchfeine Streifen schneiden.

2 In einer beschichteten Pfanne 1 EL Öl erhitzen und das Gemüse darin circa 5 Minuten bissfest dünsten. Dann aus der Pfanne heben.

3 Eier, Chilipulver, Milch, Salz und Pfeffer kräftig verschlagen. Restliches Öl zum Bratfett geben und 6 bis 8 Omelettes aus dem Teig backen.

4 Omelettes mit Gemüse füllen, aufrollen und heiß verzehren.

ZUTATEN

FÜR 6–8 STÜCK

4 cm Ingwerwurzel
80 g Bambussprossen
1 Zwiebel
1 Möhre
80 g Zuckerschoten
2 Frühlingszwiebeln
2 EL Sonnenblumenöl
12 Eier
1 Messerspitze Chilipulver
5 El fettarme Milch
Jodsalz
weißer Pfeffer aus der Mühle

FRISCHE-CHECK:
Möhre

PRO STÜCK:
200 kcal
14 g Fett
20 Minuten
schnell · günstig · superfit · einfach

Essen mit Stäbchen

Fondue ist gesellig und lässt sich leicht vorbereiten. An der Fleischqualität nicht sparen: lieber weniger und mit Salaten ausgleichen.

Spießig? Überhaupt nicht! Denn **klassisch ist nicht gleich langweilig.** Eine Fondueparty mit selbst gemachten Zutaten, eine Gartenparty mit pikanten Salaten, ein Brunch mit diversen Pastagerichten, dazu eine Auswahl aus unserem Getränkekapitel, und der Erfolg ist garantiert.

Classic Parties

Den Sommer genießen mit einer Gartenparty. Vielleicht lässt sich sogar noch eine Gartenschaukel auftreiben. An Outdoor-Fackeln denken!

Essen mit der Gabel

Brunch: Das heißt ganz entspannt das vormittägliche Wochenende genießen. Während in Hotels und Cafés die Brunchgerichte meist an langen Buffets aufgebaut sind, lässt sich ein Brunch zu Hause auch an einem gemütlichen Tisch für eine gesetzte Schar von Freunden veranstalten. Neben den Classics wie Brotkorb, Käseplatte und Dips eignen sich lauwarme Gerichte wie ein neu interpretierter Caesar Salad mit Speck, gebratenem Hüh-

Gartenparty

oder: Komm mit auf meine Hollywoodschaukel! Denn im Garten, in verschwiegenen Ecken, lässt sich familienfreundlich schaukeln oder singlefreundlich anbändeln. Zur Stimulierung eignet sich ein Buffet mit vielen Salaten, die auch kalt werden dürfen. Damit die Optik knackig bleibt, wird das Buffet im Schatten aufgestellt, ist die Dekoration einfach und wandern ölhaltige Dressings direkt nur auf gehaltvolle Salate. Viel frisches Obst bereitstellen. Einige Tage vorher Lichterketten überprüfen und Probe dekorieren, falls die Party am Abend weitergeht. **Picknick:** Gutes Wetter und klug gewählten Austragungsort vorausgesetzt, sind Picknicks gleichfalls partytauglich. In die dafür benötigten ▶**Picknickkörbe** wandern unterschiedliche Brotsorten, herzhafte Salate wie Glasnudelsalat, Chinakohlsalat mit Chili-Schweinefilet oder arabischer Bulgursalat, dazu Dips und gefülltes Gemüse: Sie müssen nicht au point serviert werden, erfordern kein aufwendiges (Ess-)Geschirr und lassen keine lästigen Reste zurück. In Thermoskannen bleiben Mixgetränke aller Art schön frisch. Oder: Eis grob crushen, in eine Thermoskanne füllen und damit Getränke kühlen.

Gemütliches Winteressen: Käsefondue mit würzigem Käse, aromatisiert mit Kirschwasser. Wer Angst vor den Kalorien hat: Es macht sehr schnell satt.

nerfleisch und aromatischen Mangos oder eine schnell zubereitete Antipasti-Platte mit italienischem Gemüse nach Wahl, das im Ofen mit Parmesan oder Pecorino, Pinienkernen und Orangensaft gratiniert wird. Nicht nur geschmacklich raffiniert ist ein Apfelsalat mit gebratenen Jakobsmuscheln, serviert in den ausgelösten Muschelschalen. Wichtig: sich auf wenige Gerichte konzentrieren, die sich gut vorbereiten lassen.

Getränke am Vormittag: lieber mit wenig Alkohol.

▶LINKS

Picknickkörbe werden in allen Varianten und Preiskategorien angeboten. Ganz edel (dann ein wunderschönes Geschenk) mit Kristallglas und Porzellan, ganz praktisch mit leichter Plastikausstattung.

Fondue für alle – dazu passen Salate und selbst gemachte Dips, die wenig Fett und viel Geschmack haben: Paprikaschoten mit hart gekochten Eiern und saurer Sahne pürieren und mit Balsamico-Essig abschmecken. Auch frische Pflaumen, mit Ingwer und eingelegten Chilis aromatisiert, schmecken geköchelt und püriert köstlich. Und:

Brot im Blumentopf

4 getrocknete Tomaten in Öl, 1 Bund frische Kräuter, 1 kleine Zwiebel, 25 g Trockenhefe, 1 TL Honig, 400 g Weizenmehl, Jodsalz, 1 neuer Terrakottatopf, Alufolie

Tomaten abtropfen lassen, Öl auffangen, mit Kräutern und Zwiebel fein hacken. Hefe, Honig, 200 ml Wasser, Mehl und Salz zu einem Teig verkneten. An einem warmen Ort zugedeckt 30 Minuten gehen lassen. Blumentopf mit Alufolie verschließen, mit Tomatenöl ausstreichen. Teig kneten, in den Topf füllen, 15 Minuten gehen lassen, dann im Wasserbad bei 200 °C im Ofen 30 Minuten backen.

Essen mit der Gabel

GARNELEN mit Brunnenkresse-Dip

ZUTATEN

FÜR 6–8 PERSONEN

20 rohe, geschälte Tiefseegarnelen

1 Limette

1 Knoblauchzehe

1 TL Ajvar

4 EL Olivenöl

100 g Jogurt

2 EL saure Sahne

2 EL fettreduzierte Salatcreme

1 1/2 Bund Brunnenkresse

Gomasio (Sesam-Salz-Mischung)

weißer Pfeffer aus der Mühle

FRISCHE-CHECK:
Brunnenkresse

1 Garnelen auf Darmreste überprüfen, gegebenenfalls entfernen und abspülen. Limette heiß abwaschen, trocken reiben, Schale dünn abreiben und den Saft auspressen. Knoblauch hacken. Limettensaft und -schale, Knoblauch und Ajvar mit 3 EL Öl verrühren. Garnelen 30 Minuten in der Marinade ziehen lassen.

2 Restliches Öl, Jogurt, saure Sahne und Salatcreme verrühren. Brunnenkresse abspülen, trocken schütteln, Stiele entfernen, Blätter hacken und mit der Jogurtcreme vermischen. Mit Gomasio und Pfeffer abschmecken und kalt stellen.

3 Garnelen abtropfen lassen und in einer beschichteten Pfanne ohne Fett 5 Minuten knusprig braten. Auf einer Platte anrichten und mit dem Jogurtdip servieren.

extra fettarm

PRO PORTION:
110 kcal
7 g Fett
45 Minuten — schnell, günstig, **superfit**, einfach

ARTISCHOCKEN mit Avocado-Füllung

extra fettarm

1 Artischocken abspülen, putzen. Zitronen heiß abwaschen, die Schale abreiben und den Saft auspressen. Die Hälfte von Saft und Schale in einen großen Topf mit Salzwasser geben. Das Zitronenwasser aufkochen und die Artischocken darin 20 Minuten garen. Herausnehmen, wenn sich die Blätter leicht abzupfen lassen. Abtropfen und auskühlen lassen. Die Spitzen der Blätter mit einer Küchenschere um ein Drittel kürzen. Artischocken an der Spitze vorsichtig auseinander biegen. Das so genannte Heu im Innern mit einem scharfen Löffel oder Messer vorsichtig abkratzen, ohne dabei den Boden zu beschädigen.

2 ▶Avocados halbieren, Stein entfernen, Fruchtfleisch mit Sahne und restlichem Zitronensaft pürieren. Schinken in Scheiben schneiden. Avocadopüree, Schinken und Käse mischen, salzen und pfeffern. In die Artischocken füllen und kalt stellen.

3 Mandeln in einer Pfanne ohne zusätzliches Fett rösten und die Artischocken damit bestreuen.

ZUTATEN

FÜR 8 PERSONEN

8 kleine Artischocken

2 unbehandelte Zitronen

Jodsalz

2 reife Hass-Avocados

50 ml Sahne

150 g Parmaschinken, dünn aufgeschnitten

20 g Parmesan

weißer Pfeffer aus der Mühle

2 EL gehobelte Mandeln

FRISCHE-CHECK:
Avocados

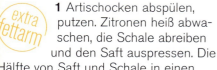

PRO PORTION:
190 kcal
13 g Fett
40 Minuten — schnell, günstig, **superfit**, einfach

▶**LINKS**

Avocados sind zwar fetthaltig, aber dank des großen Anteils an ungesättigten Fettsäuren supergesund. Die schwarz genoppte Hass-Varietät gilt als die beste.

Glasnudelsalat mit Hähnchenfleisch und MANGO

ZUTATEN

FÜR 6–8 PERSONEN

- 300 g Vermicelli-Glasnudeln
- 3 cm Ingwerwurzel
- Saft von 7 Limetten
- 4 EL Sojasauce
- 4 EL Sesamöl
- Jodsalz, schwarzer Pfeffer
- 1 kleine Salatgurke
- 3 große Mangos
- 4 Frühlingszwiebeln
- 2 Knoblauchzehen
- 500 g Hähnchenbrustfilet
- 1 EL Sonnenblumenöl
- 1 Bund frischer Koriander

FRISCHE-CHECK: Mangos

1 Nudeln nach Packungsanweisung klein schneiden, 5 Minuten in kaltem Wasser einweichen, abtropfen lassen. Nun mit kochendem Wasser überbrühen und 15 Minuten im heißen Wasser quellen lassen. Dann abgießen. Ingwer schälen, fein hacken. Limettensaft, Sojasauce, Sesamöl und Gewürze miteinander verrühren. Nudeln unter die Marinade mischen und durchziehen lassen.

2 Gurke gründlich abspülen, mit dem Küchentuch trocken reiben und in feine Scheiben schneiden. Mangos schälen und das Fruchtfleisch in feinen Spalten vom Kern schneiden. Frühlingswiebeln putzen und in feine Ringe schneiden. Zutaten unter die Glasnudeln ziehen.

3 Knoblauch sehr fein hacken. Hähnchenfilet abspülen, trocken tupfen und in feine Würfel schneiden. Sonnenblumenöl in einer beschichteten Pfanne erhitzen. Knoblauch darin anbraten, Hähnchenfilet zugeben und von allen Seiten 5 Minuten knusprig braten. Abschmecken. Korianderblättchen von den Stiele zupfen, grob hacken und zusammen mit dem Hähnchenfleisch auf dem Salat anrichten.

PRO PORTION:
400 kcal
16 g Fett
35 Minuten — schnell · günstig · superfit · einfach

Special Tipp: Salat-Dressings

Auch Blattsalate passen auf ein Gartenparty-Buffet. Dabei zu beachten: Dressing in kleinen Schälchen daneben stellen, denn Blattsalat fällt leicht zusammen. Klassischer Feld- oder Friséesalat lässt sich mit einem Beerendressing fein aromatisieren: Sonnenblumen-, Oliven- und Macadamiaöl mit Himbeeressig mischen, mit Ahornsirup, Salz und Pfeffer abschmecken und mit frischen Himbeeren reichen.

Chinakohlsalat mit
CHILI-SCHWEINEFILET

1 Filet abspülen, trocken tupfen und in mundgerechte Streifen schneiden. Ingwer und 1 Knoblauchzehe sehr fein hacken, mit Sambal oelek, Sesamöl und 2 EL Sojasauce vermengen und das Filet in der Marinade mindestens 1 Stunde ziehen lassen.

2 Chinakohlblätter vom Strunk abziehen, abspülen, abtropfen lassen und in feine Streifen schneiden. Frühlingszwiebeln putzen und in feine Ringe schneiden. Restlichen Knoblauch zerdrücken. Zwiebeln und Knoblauch mit restlicher Sojasauce, Essig und Zucker verrühren. Dressing unter den Chinakohl rühren.

3 Schweinefilet aus der Marinade nehmen und abtropfen lassen. In einer beschichteten Pfanne ohne Öl 8 Minuten braten, bis das Fleisch Farbe angenommen hat und knusprig ist. Zum Salat geben und einige Stunden (oder über Nacht) marinieren.

ZUTATEN

FÜR 6–8 PERSONEN

400 g Schweinefilet
2 cm Ingwerwurzel
4 Knoblauchzehen
1 TL Sambal oelek
1 TL Sesamöl
200 ml Sojasauce
1 großer Kopf Chinakohl (ca. 1,5 kg)
4 Frühlingszwiebeln
300 ml Weißweinessig
2 EL Vollrohrzucker

FRISCHE-CHECK:
Chinakohl

extra fettarm

INDISCHER Reissalat mit Orangendressing

ZUTATEN

FÜR 6–8 PERSONEN

Jodsalz
1 kleines Döschen gemahlener Safran
400 g Langkornreis
4 unbehandelte Orangen
8 EL Rosinen
6 Möhren
2 EL Olivenöl
schwarzer Pfeffer aus der Mühle
1 TL gemahlener Kreuzkümmel
4 EL Weißweinessig
1 Granatapfel oder 100 g rote Johannisbeeren
1 Bund frische Minze
80 g Mandelstifte

FRISCHE-CHECK:
Möhren

1 Salzwasser aufkochen, Safran darin auflösen, Reis im sprudelnden Wasser nach Packungsanweisung 15 Minuten garen, abgießen und abschrecken. Orangen abspülen, sorgfältig trocken reiben. Von einer Orange Zest in feinen Streifen abziehen, restliche Schale reiben und die Früchte auspressen. Rosinen im Orangensaft mit Schale und Zest einweichen.

2 Möhren putzen, in dünne Scheiben schneiden. Olivenöl in einer Pfanne erhitzen und die Möhren darin andünsten. Mit Salz, Pfeffer und Kreuzkümmel pikant abschmecken und mit Orangensaft und Rosinen ablöschen. Die Möhren 5 Minuten im Saft weiterdünsten, dann herausnehmen und etwas abkühlen lassen. Den Gemüsesaft mit Essig, Salz, Pfeffer und Kreuzkümmel pikant abschmecken. Vom Herd nehmen.

3 Reis, Möhren und Dressing in einer Schüssel 20 Minuten durchziehen lassen. Granatapfel aufbrechen, Kerne herauslösen (alternativ Johannisbeeren mit einer Gabel vom Zweig ziehen) und unter den Salat mischen. Minze in Streifen schneiden, Mandeln in einer Pfanne ohne Fett rösten. Beides vor dem Servieren über den Salat geben.

extra fettarm

PRO PORTION:
360 kcal
7 g Fett
60 Minuten · schnell · günstig · superfit · einfach

APFELSALAT mit gebratenen Jakobsmuscheln

ZUTATEN

FÜR 6–8 PERSONEN

2 unbehandelte Zitronen
Jodsalz
1 TL Ahornsirup
2 TL süßer Senf
5 EL Olivenöl
600 g säuerliche Äpfel
4 Stangen Staudensellerie
100 g Bacon (Frühstücksspeck)
16 Jakobsmuscheln mit ihren Schalen
2 Eier
2 EL Paniermehl
weißer Pfeffer aus der Mühle
1/2 Bund frische, glatte Petersilie

FRISCHE-CHECK:
Äpfel

1 Zitronen heiß abspülen, trocken reiben, die Schale abreiben und den Saft auspressen. Saft mit Salz und Ahornsirup kräftig verrühren. Senf und 3 EL Olivenöl unterrühren. Äpfel abspülen, trocken reiben und in feine Scheiben schneiden. Gleich mit dem Zitronendressing beträufeln. Sellerie putzen, in feine Ringe schneiden. Unter den Salat heben.

2 Bacon in feine Streifen schneiden. Muscheln abspülen und trocken tupfen. Eier mit der Gabel glatt schlagen. Paniermehl mit der Zitronenschale mischen und mit etwas weißem Pfeffer würzen.

3 Restliches Öl in der Pfanne erhitzen. Bacon darin ausbraten und aus der Pfanne nehmen. Muscheln aus den Schalen lösen, nacheinander durch das Ei ziehen, in der Panade wenden und sofort im restlichen Fett nur wenige Minuten von beiden Seiten knusprig braten. Auf Küchenkrepp abtropfen lassen. Petersilie hacken. Salat auf Teller verteilen und mit Baconstreifen, Muscheln und Petersilieblättchen anrichten. Alternativ Salat in die Muschelschalen füllen und zu den Jakobsmuscheln servieren.

ARABISCHER Bulgursalat

1 Bulgur in eine Schüssel geben, mit kaltem Wasser bedecken und 1 Stunde quellen lassen, bis die Körnchen weich, aber noch bissfest sind.

2 Unterdessen die Frühlingszwiebeln waschen, putzen und sehr fein hacken. Tomaten waschen, den Strunk herausschneiden und klein würfeln.

3 Eingeweichten Bulgur in ein Sieb geben und das Wasser so vollständig wie möglich herauspressen. Bulgur mit Frühlingszwiebeln und Tomaten mischen. Zitronensaft, Salz, Gewürze und Olivenöl verrühren, abschmecken. Minze und Petersilie waschen, trocken schütteln, sehr fein hacken und unter das Dressing rühren.

4 Dressing sorgfältig mit dem Salat mischen.

ZUTATEN

FÜR 6–8 PERSONEN

400 g Bulgurweizen
1 großes Bund Frühlingszwiebeln
1 kg Tomaten
10 EL Zitronensaft
Jodsalz
weißer Pfeffer aus der Mühle
1 TL Chilipulver
1 Messerspitze Kreuzkümmel
10 EL Olivenöl
1 Bund frische Minze
2 Bund frische, glatte Petersilie

FRISCHE-CHECK:
Frühlingszwiebeln

Gemüse-Lasagne mit PECORINO

ZUTATEN

FÜR 6–8 PERSONEN

4 Schalotten
100 g Butter
230 g Mehl
1 l fettarme Milch
1,2 l Gemüsebrühe (Instant)
Jodsalz, Pfeffer
1/2 TL Muskat
1 kg grüne Bohnen
4 Auberginen
600 g Champignons
2 Zweige frischer Rosmarin
100 g schwarze Oliven
12 Tomaten
1 Paket Lasagneblätter
150 g Pecorino

FRISCHE-CHECK: Bohnen

1 Schalotten schälen und fein würfeln. 80 g Butter in einem Topf erhitzen, Schalotten darin andünsten, Mehl darüber stäuben und kurz anschwitzen. Unter Rühren mit Milch und Brühe ablöschen. Mit Salz, Pfeffer und Muskat abschmecken.

2 Bohnen putzen, in Stücke brechen. Auberginen und Pilze in Scheiben schneiden. Die restliche Butter in einer Pfanne erhitzen und das Gemüse darin andünsten. Mit 200 ml Wasser ablöschen, würzen und zugedeckt 5 Minuten lang dünsten lassen. Rosmarin und Oliven hacken, Tomaten fein würfeln und unter das Gemüse ziehen.

3 Ofen auf 175 °C vorheizen. Vorbereitetes Gemüse, Bechamel-Sauce und Nudelplatten im Wechsel in eine Lasagneform schichten. Mit einer Schicht Lasagneplatten und Sauce abschließen. Pecorino fein darüber reiben. 45 Minuten goldbraun backen. Vor dem Anschneiden noch 5 Minuten ruhen lassen.

PRO PORTION:
700 kcal
20 g Fett
70 Minuten | schnell | günstig | superfit | einfach

Auch Italien liebt Kartoffelsalat

Dazu viel grünen Spargel in mundgerechte Stücke teilen, in Salzwasser 5 Minuten garen. Im selben Wasser neue Kartoffeln garen und grob würfeln. Aromatisiert wird der Salat mit Basilikum, Pinienkernen, Parmaschinken, hartgekochten Eiern und einem Dressing aus Olivenöl, Zitronensaft, Pfeffer, Salz und geriebenem Parmesan.

OFENGEMÜSE
in Pergament

1 Zitronen heiß abspülen, trocken reiben und in dünne Spalten schneiden. Rote Bete und Pastinaken schälen und klein schneiden.

2 Sechs große Stücke Pergamentpapier vorbereiten. Zitronenspalten und Gemüse darauf verteilen. Mit Salz, Pfeffer, Gewürznelken und Thymian würzen. Öl darüber träufeln. Pergament zufalten.

3 Backofen auf 175 °C vorheizen. Gemüse 40 Minuten backen, aus den Papierhüllen nehmen und noch ofenwarm auf Tellern anrichten.

extra fettarm

PRO PORTION:
150 kcal
5 g Fett
60 Minuten — schnell — günstig — superfit — einfach

ZUTATEN

FÜR 6 PERSONEN

3 Zitronen

6 kleine Knollen Rote Bete

6 Pastinakenwurzeln

Pergamentpapier

Jodsalz

grob geschroteter Pfeffer

6 Gewürznelken

3 Stiele frischer Thymian

3 EL Haselnussöl

FRISCHE-CHECK:
Rote Bete

Special-Tipp: Bete-Blätter

Sie sorgen für ein noch feineres Aroma: die Blätter der Roten Bete, die zwischen Frühjahr und Sommer mit den Knollen angeboten werden. Waschen, grob hacken und mitdünsten. Alternativ im Ofen bei 160 °C mit etwas Olivenöl 1 Stunde garen.

Essen mit der Gabel

Zucchini-CARPACCIO mit Walnüssen

ZUTATEN

FÜR 6–8 PERSONEN

- 3 Zucchini
- 6 EL Zitronensaft
- 6 TL Nussöl
- schwarzer Pfeffer
- 1 Bund Bärlauch (oder 1 Beet Gartenkresse)
- 3 Tomaten
- je 1 gelbe und rote Paprika
- 3 kleine rote Zwiebeln
- 1 Bund glatte Petersilie
- 450 g Magerjogurt
- 50 g saure Sahne
- Jodsalz
- 6 EL gehackte Walnüsse
- Zucchiniblüten zum Dekorieren (nach Wunsch)

FRISCHE-CHECK: Bärlauch

1 Zucchini waschen, abtrocknen und längs in hauchdünne Scheiben hobeln. Auf einer großen Platte blütenförmig anordnen. Zitronensaft, Nussöl und Pfeffer miteinander verquirlen und über die Zucchinischeiben träufeln. Bärlauch putzen, sehr fein hacken, über die Zucchinischeiben streuen. 10 bis 15 Minuten ziehen lassen.

2 Tomatenstrünke entfernen, Paprika putzen, beides sehr fein würfeln. Zwiebeln und Petersilie hacken. Alles mit Jogurt und saurer Sahne verrühren und mit Salz abschmecken. Gehackte Walnüsse in einer Pfanne ohne Öl rösten. Jogurtsauce über das Carpaccio träufeln. Walnüsse darüber streuen und, falls gewünscht, mit ausgebackenen ▶Zucchiniblüten garnieren.

extra fettarm

PRO PORTION: 190 kcal · 12 g Fett · 15 Minuten · schnell · günstig · superfit · einfach

▶LINKS

Zucchiniblüten in der Küche: im Frühjahr und Sommer möglich. Zum Ausbacken empfiehlt sich der klassische Bierteig mit wenig Mehl, wie er auch für Holunderblüten verwendet wird.

WALNUSS-KOHLRABI
mit Kräuterfarfalle

extra fettarm

1 Hälfte des Basilikums hacken. Mehl auf die Arbeitsfläche sieben. Eier, 2 TL Öl und Salz in die Mulde geben. Mehl mit der Gabel vom Rand in die Eimischung einarbeiten. Basilikum zugeben. Teig kräftig durchkneten, bis er elastisch ist. In Klarsichtfolie 1 Stunde ruhen lassen, nochmals durchkneten.

2 Teig dünn ausrollen. Mit einem Messer oder Teigrädchen 4 mal 6 cm große Rechtecke ausschneiden. Mit Daumen und Zeigefinger in der Mitte zusammendrücken. Farfalle bis zur Verarbeitung auf einem Küchentuch ruhen lassen.

3 Kohlrabi putzen, aushöhlen und fein würfeln. Steinpilzbrühe aufkochen, Kohlrabi hineinsetzen und 8 bis 10 Minuten bissfest dünsten. Aus der Brühe heben, abtropfen lassen, mit Alufolie umwickeln und warm stellen. Brühe auffangen.

4 Walnüsse hacken und in einer beschichteten Pfanne ohne Fett anrösten. Möhren schälen, in feine Scheiben schneiden. Schalotten hacken. Restliches Öl in einer Pfanne erhitzen. Möhren und Schalotten darin anbraten. Mit Kohlrabisud ablöschen und 3 Minuten garen. Käse einrieseln und bei Niedrighitze unter ständigem Rühren schmelzen lassen. Mit Salz, Pfeffer und Muskatnuss abschmecken.

5 Farfalle in sprudelndem Salzwasser 4 Minuten al dente garen, nicht vollständig abtropfen lassen und in die Kohlrabiköpfe füllen. Mit Sauce, Walnüssen und Basilikum anrichten.

ZUTATEN
FÜR 8 PERSONEN
1 Bund Basilikum
600 g Weizenmehl
6 Eier
2 EL Olivenöl
Jodsalz
8 kleine Kohlrabiköpfe
450 ml Steinpilzbrühe
2 EL Walnüsse
2 Möhren
2 Schalotten
100 g Gorgonzola
weißer Pfeffer aus der Mühle
1 Messerspitze geriebene Muskatnuss

FRISCHE-CHECK:
Basilikum

ROTE LINSEN
mit Käse-Crostini

ZUTATEN
FÜR 6–8 PERSONEN
150 g rote Linsen
300 ml Gemüsebrühe (Instant)
3 EL Olivenöl
Jodsalz
schwarzer Pfeffer aus der Mühle
6 EL Weißweinessig
300 g Feldsalat
2 Stangen Staudensellerie
1 kleines Bund Schnittlauch
8 Scheiben Nussbrot
150 g Schafskäse
3 Birnen

FRISCHE-CHECK:
Feldsalat

1 Linsen in der Gemüsebrühe 15 Minuten garen. Bei Bedarf Kochsud abgießen. Öl unterrühren. Mit Salz, Pfeffer und Essig pikant abschmecken, abkühlen lassen. Feldsalat verlesen, abspülen und gründlich abtropfen lassen. Staudensellerie in Scheiben, Schnittlauch in Röllchen schneiden.

2 Nussbrot toasten. Schafskäse würfeln. Birnen schälen, würfeln. Birnen- und Käsewürfel mischen und auf den Brotscheiben verteilen. Im Ofen kurz überbacken. Feldsalat, Sellerie, Linsen und Schnittlauch vermischen und auf Tellern verteilen. Crostini darauf anrichten.

extra fettarm

Essen mit der Gabel

Spaghettini mit Brunnenkresse und KAVIAR

ZUTATEN

FÜR 6–8 PERSONEN

800 g Spaghettini
Jodsalz
1 Schalotte
1 Knoblauchzehe
1 EL Olivenöl
200 ml Fischfond
2 Orangen
1 Bund Brunnenkresse
1 Becher Jogurt
3 EL saure Sahne
weißer Pfeffer aus der Mühle
200 g Lachskaviar
4 EL frische Dillspitzen

FRISCHE-CHECK: Dillspitzen

▶LINKS

Lachskaviar (vom Ketalachs) ist preiswerter als Störkaviar, wird aber von manchen geschmacklich sogar bevorzugt und gibt Gerichten einen appetitlich frischen Look. Vorsicht: Das große Korn platzt leicht.

1 Spaghettini in reichlich Salzwasser nach Packungsanweisung bissfest kochen.

2 Schalotte und Knoblauch hacken. Öl in einem Topf erhitzen, beides darin glasig dünsten. Mit Fischfond ablöschen und bei starker Hitze um die Hälfte einkochen lassen.

3 Orangen heiß abspülen, trocken reiben, die Schale abreiben und den Saft auspressen. Beides zum Fischfond geben. Brunnenkresse hacken. Fond vom Herd nehmen, leicht abkühlen lassen und Brunnenkresse, Jogurt und saure Sahne unterrühren. Mit Salz und Pfeffer abschmecken.

4 Spaghettini abgießen, aber nicht vollständig abtropfen lassen, damit sich die Sauce leichter mit der Pasta vermischt. ▶**Lachskaviar** vorsichtig unterheben. Mit Dillspitzen bestreuen und noch warm servieren.

extra fettarm

PRO PORTION:
600 kcal
15 g Fett
35 Minuten — schnell — günstig — superfit — einfach

Marinierter CHILI-LACHS

extra fettarm

1 Fischfilet abspülen, trocken tupfen und in 3 cm große Würfel schneiden. Chili längsseits halbieren, entkernen. Chili, Knoblauch und 1/2 Bund Koriander fein hacken und mit Limettensaft, Öl, Jodsalz und Pfeffer verrühren. Marinade über den Fisch geben und 1 Stunde im Kühlschrank ziehen lassen.

2 Die Fischwürfel in einer beschichteten Pfanne 5 Minuten anbraten. Mit Salz und Pfeffer würzen, anrichten und mit restlichem Koriander dekorieren.

PRO PORTION:
190 kcal
10 g Fett
75 Minuten — schnell, günstig, superfit, einfach

ZUTATEN

FÜR 6–8 PERSONEN

1 kg Lachsfilet
1 rote Chilischote
2 Knoblauchzehen
1 Bund Koriander
Saft von 2 Limetten
2 EL Zitronenöl
3 EL Sonnenblumenöl
Jodsalz
weißer Pfeffer aus der Mühle

FRISCHE-CHECK:
Lachsfilet

Special Tipp: Rauke, Apfel und Ziegenkäse

Eine schöne Salatkombination, aromatisiert mit Walnussöl, Kürbiskernen, Apfelessig, Honig und frischem Rosmarin. Den säuerlichen Apfel in Spalten teilen und mit Limettensaft beträufeln. Ziegenkäse und Rauke in mundgerechte Stücke teilen und alle Zutaten auf einer Platte anrichten. Das Dressing separat reichen.

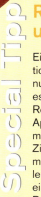

Essen mit der Gabel

Dinner

Dinner-Partys feiern Comeback. Denn: Je nach Bedürfnis sind sie **romantisch, fröhlich, festlich.** Neue Kollegen, alte Freunde, kleine Feste ... der Gelegenheiten sind viele. Selbst eine Verführung kann sich anbahnen – denn kochende Männer haben mehr Chancen, als sie meinen.

Auf einem einfach gedeckten Tisch kommen kunstvoll als Blickfang gefaltete Servietten aus Stoff besonders zur Geltung.

for two

Oberste Dinner-Regel: Das Licht macht die (gute) Stimmung. Kerzen dürfen leuchten, elektrisches Licht sollte nur dezent strahlen.

Essen mit Messer & Gabel

Ob Verlobung oder erfolgreicher Geschäftsabschluss: Austern geben den würdigen Rahmen. Drei bis sechs pro Person – der Fischhändler öffnet sie gerne.

Eine **Dinner-Party** vorzubereiten schafft fröhliche Spannung. Nun noch die Kerzen anzünden (Achtung: Sie sollten die richtige Höhe haben, damit man sein Gegenüber noch sieht, sich aber nicht zufällig verbrennt) und die Platzkarten verteilen. Denn: **Wer kommt und neben wen man ihn setzt, das hat der Gastgeber in der Hand.** Und kann so die Stimmung steuern, selbst wenn er nicht immer dabei ist. Wessen Küche sich nicht zum festlichen Esszimmer umfunktionieren lässt, der wird sich wohl einen Teil des Abends ohne seine Gäste und vor dem Herd aufhalten müssen. Es sei denn, er macht es sich köstlich-einfach. Gerichte wie glasierte Lammkeule, Ossobuco, Lachs im Kräutersalzteig oder Zitronenhähnchen verbringen die meiste Zeit allein im Ofen oder in der Marinade und benötigen nur kurz vor dem Servieren ein paar Handgriffe des Kochs. Dass man sich bei der außergewöhnlichen ▶**Tischdekoration** von Profis inspirieren ließ, muss auch niemand wissen. Schließlich dauert es schon lange genug, gute Freunde zu finden und zu behalten!

Der Champagner bleibt kühl, die Atmosphäre beim edlen Dinner sicher nicht.

Eine **romantische Party** für zwei kann sich durchaus zu einer romantischen Nacht zu zweit entwickeln. Dass die Chemie stimmt, ist natürlich Voraussetzung. Ein guter Tropfen vielleicht auch. Dass das Essen nicht zu kompliziert ist, ebenso. Man möchte sich ja schließlich auf etwas viel Wesentlicheres konzentrieren. Und: Lassen Sie die Finger von Zwiebeln, Pizzen und zu viel mediterranen Gewürzen. Fisch kommt immer gut. Geht schnell, sorgt für ein wohliges Sattgefühl und lähmt nicht die Sinne.

Wenn Männer auf solche Vorspiel-Ideen kommen, vielleicht mit einer feinen französischen Dorade, einer klassischen Forelle oder zum Valentinstag mit einem Seeteufel, ist ihnen durchaus mehr messbarer Erfolg beschieden als bei der herkömmlichen Einladung ins feine und angesagte Restaurant. Denn ob dort die rechte Stimmung aufkommen kann, wenn an den Nebentischen Geburtstage gefeiert oder Schwankungen auf dem Aktienmarkt diskutiert werden? Gegen häusliche Nervosität empfiehlt sich Champagner, ein Scheibchen feiner Toast und ein kleiner Löffel Kaviar. Drei Zutaten, die man(n) immer im Kühlschrank haben sollte. Vielleicht findet der Nachtisch bereits horizontal statt.

▶LINKS

Tischdekoration heißt Blumen, Kerzen und Servietten. Für Letztere gilt: je einfacher, desto besser (und hygienischer). Tafelspitz, Bischofsmütze, Doppelfächer sind gängige Faltvarianten. Am besten funktionieren sie mit Stoffservietten, denn die haben Standfestigkeit.

Wenn er köstlich gekocht hat, fühlt sie sich vielleicht animiert, den zweiten Teil des Abends zu eröffnen.

Essen mit Messer & Gabel

Kalbs-ROULADE mit Pflaumenfüllung

ZUTATEN

FÜR 6–8 PERSONEN

6–8 mittelgroße Kalbsfilets (vom Fleischer flach aufschneiden lassen)

Jodsalz

schwarzer Pfeffer aus der Mühle

200 g getrocknete Pflaumen ohne Stein

1 Bund Thymian

200 g Frühstücksspeck (Bacon)

Küchengarn

800 ml Gemüsefond (aus dem Glas)

200 ml halbtrockener Weißwein

FRISCHE-CHECK:
Kalbsfilet

1 Kalbsfilets trocken tupfen und auf einer Arbeitsfläche ausbreiten. Mit Salz und Pfeffer würzen, Pflaumen darauf verteilen und alles fest aufrollen.

2 Thymianblättchen von den Stielen zupfen. Baconscheiben auf der Arbeitsfläche auslegen, mit dem Thymian bestreuen und die Filets darin einwickeln. Mit Küchengarn fest umwickeln.

3 Ofen auf 200 °C vorheizen. Einen flachen Bräter erhitzen, Filets darin bei mittlerer Hitze rundherum braun anbraten. Fond und Wein angießen, Bräter schließen und die Filets im heißen Backofen 15 bis 20 Minuten garen.

4 Filets herausnehmen, etwas ruhen lassen. Bratfond in einen Topf gießen und bei starker Hitze kräftig einkochen lassen. Mit Salz und Pfeffer abschmecken. Filets in Scheiben schneiden und im Fond servieren.

PRO PORTION:
360 kcal
22 g Fett
50 Minuten — schnell, günstig, superfit, **einfach**

GLASIERTE Lammkeule mit Ingwer

1 Ofen auf 200 °C vorheizen. Fleisch abspülen, trocken tupfen. Knoblauch schälen, halbieren. Thymianblättchen von den Stielen zupfen. Fleisch mit Knoblauch, Thymian, Salz und Pfeffer einreiben und in einen Bräter geben. Schalotten schälen und zur Hälfte um den Braten verteilen. Bei 200 °C circa 1 1/2 Stunden garen. Fleisch mit Rotwein begießen. Nach und nach Fond und 300 ml Wasser angießen.

2 Ingwer schälen und fein hacken. Möhren schälen und schräg in Scheiben schneiden. Öl in einer großen Pfanne oder einem Wok erhitzen. Ingwer darin andünsten. Möhren und restliche Schalotten zugeben und alles unter Wenden 10 Minuten weich braten. Mit Sojasauce, Limettensaft und Pfeffer würzen.

3 Den Braten 10 Minuten vor Ende der Garzeit mit der Ingwermarmelade bestreichen und im Ofen fertig garen. Aus dem Bräter heben. Mit Gemüse anrichten und mit Sesam bestreuen. Dazu passt Basmati-Reis.

ZUTATEN

FÜR 6–8 PERSONEN

2 kg Lammkeule

2 Knoblauchzehen

2 Stiele Zitronenthymian

Jodsalz

schwarzer Pfeffer aus der Mühle

400 g Schalotten

800 ml Gemüsefond aus dem Glas

200 ml trockener Rotwein (z. B. Rioja)

5 Zentimeter Ingwerwurzel

1 kg Möhren

2 EL Sojaöl

1 EL helle Sojasauce

2 EL Limettensaft

2 EL Ingwermarmelade

2 TL Sesamsaat

FRISCHE-CHECK:
Möhren

PRO PORTION:
670 kcal
37 g Fett
2 Stunden — schnell, günstig, superfit, **einfach**

Essen mit Messer & Gabel

SCHOLLENFILET
mit feiner Würze

ZUTATEN

FÜR 6–8 PERSONEN

2 unbehandelte Zitronen
400 ml Gemüsefond aus dem Glas
6 EL Weißweinessig
Jodsalz
6 schwarze Pfefferkörner
2 Lorbeerblätter
6 Stiele frische, glatte Petersilie
2 Stiele frische Minze
6–8 Schollenfilets
3 Eier
2 Möhren
2 Lauchzwiebeln
3 EL leichte Salatcreme
250 g fettarmer Jogurt
schwarzer Pfeffer aus der Mühle

FRISCHE-CHECK:
Kräuter

1 Eine Zitrone heiß abspülen, trocken reiben und in Scheiben schneiden, die andere halbieren und auspressen. Den Zitronensaft zusammen mit 200 ml Wasser, Fond, Essig, Gewürzen und Kräutern aufkochen.

2 Filets der Länge nach halbieren, abspülen und trocken tupfen. Filets und Zitronenscheiben in den Würzsud geben, kurz aufkochen lassen, vom Herd nehmen und im Sud bei Zimmertemperatur abkühlen lassen.

3 Für die Remoulade Eier 12 Minuten kochen, schälen und fein hacken. Möhren schälen und sehr fein würfeln. Zwiebeln fein hacken. Mit Salatcreme und Jogurt verrühren und mit Salz und Pfeffer abschmecken. Gemüse-Remoulade zu den Schollenfilets reichen.

PRO PORTION:
130 kcal
5 g Fett
40 Minuten — schnell, günstig, superfit, einfach

▶**LINKS**

Agavendicksaft
ist ein Süßungsmittel aus dem Reformhaus. Sein intensiver Geschmack bietet eine willkommene Alternative zu Honig und Ahornsirup, er liegt preislich aber im vergleichbaren Rahmen. Agavendicksaft aus der Aloe-Familie wird außerdem als Grundlage von Hochprozentigem verwendet.

Gekräuterte LAMM-CHOPS mit Salat

1 Bohnen abtropfen lassen, kurz unter kalt fließendem Wasser abspülen. Essig, Zitronensaft, Salz, Pfeffer und ▶**Agavendicksaft** verrühren. Salbei in Streifen schneiden und unterrühren. Öl mit einer Gabel einarbeiten. Bohnen mit der Marinade mischen und 2 Stunden ziehen lassen.

2 Tomaten putzen und grob würfeln. Zu den Bohnen geben und mit Salz und Pfeffer abschmecken.

3 Fleisch abspülen und trocken tupfen. Kräuter fein hacken und auf einem flachen Teller verteilen. Fleisch mit Salz und Pfeffer würzen und auf dem heißen Grill von beiden Seiten knusprig bräunen. Noch heiß kurz in den Kräutern wenden und zum Tomaten-Bohnen-Salat servieren.

ZUTATEN

FÜR 6–8 PERSONEN

1,2 kg italienische weiße Bohnen (extragroß, aus der Dose)
4 EL Weißweinessig
2 EL Zitronensaft
Jodsalz
schwarzer Pfeffer aus der Mühle
1 TL Agavendicksaft
5 Stiele frischer Salbei
3 EL Olivenöl
4–6 Fleischtomaten
12–16 küchenfertige Lammchops
1 großes Bund frische Sommerkräuter (wie Basilikum, Kerbel, Rosmarin)

FRISCHE-CHECK:
Sommerkräuter

PRO PORTION:
270 kcal
12 g Fett
2,5 Stunden — schnell, günstig, **superfit**, **einfach**

Geschmorte SALBEI-ZWIEBELN

 extra fettarm

1 Zwiebeln putzen. In leicht gesalzenem Wasser 30 Minuten vorgaren.

2 Pilze in Wasser einweichen. Tomaten in feine Streifen schneiden, Salbei fein hacken, Pilze abgießen, grob hacken. Alle Zutaten mit Käse vermengen und mit Salz und Pfeffer vorsichtig abschmecken.

3 Zwiebeln abtropfen und abkühlen lassen. Von jeder Zwiebel einen Deckel abschneiden und das Innere mit einem scharfen Löffel vorsichtig aushöhlen, ohne dabei den Zwiebelrand anzuritzen. Zwiebelmasse mit der vorbereiteten Käse-Gemüse-Mischung vermengen und wieder in die Zwiebeln füllen.

4 Ofen auf 200 °C vorheizen. Zwiebeln in eine große Auflaufform oder auf die Fettpfanne des Backofens setzen, restliche Füllung darum verteilen. Wein angießen.

5 30 Minuten schmoren lassen, bei Bedarf mit Alufolie abdecken. Mit frisch geröstetem Ciabatta servieren.

PRO PORTION: 170 kcal | 6 g Fett | 50 Minuten | schnell | günstig | superfit | einfach

ZUTATEN

FÜR 6–8 PERSONEN

- 6–8 mittelgroße Gemüsezwiebeln
- Jodsalz
- 40 g getrocknete Steinpilze
- 100 g getrocknete Tomaten in Öl
- 1 Bund frischer Salbei
- 150 g frisch geriebener Pecorino oder Parmesan
- schwarzer Pfeffer aus der Mühle
- 500 ml trockener Weißwein

FRISCHE-CHECK:
Salbei

Special Tipp: Klassiker Saltimbocca

Schweine- oder Kalbsfilets mit Parmaschinken umwickeln, mit Salbeiblatt belegen, leicht salzen und pfeffern und mit Zahnstochern feststecken. Bei Mittelhitze in wenig Fett von allen Seiten anbräunen. In feinen Scheiben über Salat geben oder als Röllchen mit Bandnudeln servieren. Sauce pikant würzen.

Essen mit Messer & Gabel

Tunfisch-SPIESSE mit Chili-Dip

1 Schalotten mit der Schale in Salzwasser 5 Minuten weich garen. Abgießen, abkühlen lassen und schälen, dabei den Wurzelansatz nicht zu weit abschneiden, damit die Zwiebeln nicht auseinander fallen.

2 Zwei Stiele Zitronengras in sehr feine Ringe schneiden. Mit Öl und Pfeffer verrühren.

3 Tunfisch in grobe Würfel schneiden. Tunfisch und Schalotten im Wechsel auf die übrigen Zitronengrasstiele stecken. Mit dem Würzöl bestreichen und ziehen lassen.

4 Essig, Zucker und Salz erhitzen und etwas einkochen lassen. Knoblauch und Ingwer fein hacken und zugeben. Noch einige Minuten garen, dann abkühlen lassen. Chilis entkernen und fein hacken, unter den Dip rühren.

5 Tunfisch-Schalotten-Spieße auf dem heißen Grill von allen Seiten 5 Minuten anbraten. Mit Sojasauce beträufeln und zum Dip servieren.

PRO PORTION:
430 kcal | 19 g Fett | 30 Minuten | schnell | günstig | superfit | einfach

ZUTATEN

FÜR 6–8 PERSONEN

600 g Schalotten

15 Stiele Zitronengras

je 2 EL Sesam- und Sojaöl

schwarzer Pfeffer aus der Mühle

1 kg Tunfisch

100 ml Reisessig (alternativ: Weinessig)

60 g brauner Zucker

1 EL Jodsalz

1 Knoblauchzehe

3 cm Ingwerwurzel

je 1 kleine rote und grüne Chilischote

1–2 EL Sojasauce

FRISCHE-CHECK:
Tunfisch

DORADE mit Thymian und Koriander

ZUTATEN

FÜR 6–8 PERSONEN

3–4 mittelgroße, küchenfertige Doraden

Jodsalz

schwarzer Pfeffer aus der Mühle

extrastarke Alufolie

2 unbehandelte Limetten

je 1 Bund Thymian und Koriander

3 Knoblauchzehen

100 g getrocknete Tomaten in Öl

FRISCHE-CHECK: Dorade

1 ▶**Doraden** gründlich abspülen. Trocken tupfen und von innen und außen sorgfältig mit Salz und Pfeffer einreiben. Auf Alufoliestreifen von dreifacher Größe betten.

2 Ofen auf 200 °C vorheizen. Limetten abspülen, trocken reiben und in Scheiben schneiden. Thymian und Koriander grob hacken. Knoblauch schälen und in Scheiben schneiden. Tomaten abtropfen lassen und in Streifen schneiden. Zutaten auf den Doraden verteilen. Folie fest verschließen.

3 Im heißen Backofen oder auf dem Grill 30 Minuten garen und heiß servieren.

extra fettarm

▶LINKS

Doraden gehören zu den Edelfischen. Die *dorade royale* gilt, wie der Name schon andeutet, als die beste, aber die verwandte Streifenbrasse *(dorade grise)* wird ebenfalls hoch geschätzt. Das Fleisch der Mittelmeerfische ist relativ grätenarm, fein weiß und bleibt fest – deshalb eignet es sich auch gut zum Grillen im Backofen.

PRO PORTION: 100 kcal | 2 g Fett | 40 Minuten — schnell, günstig, **superfit**, einfach

Gegrillte FORELLE mit Koriander-Mayonnaise

1 Forellenfilets waschen und trocken tupfen. Mit 2 EL Olivenöl einreiben, salzen und pfeffern. Baguettebrötchen halbieren, Fisch von beiden Seiten 10 Minuten grillen. Brötchenhälften die Hälfte der Zeit knusprig rösten.

2 Korianderblätter fein hacken. Eigelb, Limettensaft und -schale, Salz, Pfeffer, Zucker und Senf gut verquirlen. Restliches Olivenöl tropfenweise zugeben und mit dem Handrührgerät aufschlagen, bis die Mischung cremig wird. Jogurt und Koriander unterziehen und nochmals mit Salz und Pfeffer abschmecken.

3 Raukeblätter kurz abspülen, gut trocken schütteln und in mundgerechte Stücke zupfen. Baguettebrötchen, gegrillte Forellenfilets und Rauke auf vorgewärmten Tellern anrichten. Mit Koriandermayonnaise servieren.

ZUTATEN

FÜR 6–8 PERSONEN

8 Forellenfilets

150 ml Olivenöl

Jodsalz

Pfeffer aus der Mühle

2 Baguettebrötchen

1/2 Bund Koriander

2 Eigelb

Saft und Schale von 1 unbehandelten Limette

1 TL Zucker

1 EL Dijon-Senf

300 g fettarmer Jogurt

1/2 Bund Rauke

FRISCHE-CHECK: Rauke

PRO PORTION: 420 kcal | 23 g Fett | 30 Minuten — schnell, **günstig**, superfit, einfach

SPANISCHE Kartoffeln vom Blech

ZUTATEN

FÜR 6–8 PERSONEN

2 unbehandelte Zitronen
3 kg kleine neue Kartoffeln
3 EL Olivenöl
2 kleine rote Chilischoten
3 EL grobes Meersalz
schwarzer Pfeffer aus der Mühle
1 TL gemahlener Kreuzkümmel (Cumin)
3 Fleischtomaten
150 g schwarze Oliven mit Stein

FRISCHE-CHECK: Fleischtomaten

1 Zitronen heiß abspülen, trocken reiben und grob würfeln. Kartoffeln gründlich abbürsten und bei Bedarf halbieren. Zitronen, Kartoffeln und Öl vermengen. Chilis entkernen, in Ringe schneiden und zugeben. Mit Salz, Pfeffer und Cumin abschmecken.

2 Ofen auf 200 °C vorheizen. Kartoffeln auf der Fettpfanne des Backofens verteilen und unter mehrfachem Wenden 35 bis 45 Minuten backen.

3 Tomaten grob würfeln. Tomaten und Oliven nach der Hälfte der Garzeit unter die Kartoffeln geben. Heiß oder auch lauwarm servieren.

extra fettarm

PRO PORTION:				
380 kcal				
7 g Fett				
60 Minuten	schnell	günstig	superfit	einfach

Special Tipp

Dazu: Putenbrust

1,5 kg Putenbrust am Stück in einer Marinade aus 2 Knoblauchzehen, 3 cm Ingwerwurzel, 2 Chilischoten, 4 EL Ahornsirup und 4 EL Sojasauce 4 Stunden ziehen lassen. Im Ofen bei 220 °C knapp 2 Stunden garen. Dazu einen Dip aus viel frischem Dill, 200 g mittelscharfem Senf und 100 g flüssigem Honig reichen. Mit Salz und Pfeffer pikant abschmecken.

Lässt sich prima vorbereiten und macht sich fast von selbst.

Gegrilltes GEMÜSE mit Zitronenthymian

1 Gemüse putzen. Paprika halbieren, entkernen, achteln. Zucchini, Auberginen und Mais in dicke Scheiben schneiden, Tomaten und Champignons halbieren. Chili halbieren, entkernen und hacken. Knoblauch, Ingwer und Kräuter fein hacken.

2 Balsamessig, Salz, Pfeffer und Kräuter verrühren. Öl einarbeiten. Gemüse salzen und pfeffern, mit der Marinade beträufeln und 20 Minuten ziehen lassen.

3 Gemüse abtropfen lassen, Marinade auffangen. Gemüse auf acht großen Bögen Alufolie verteilen und 15 Minuten unter Wenden auf dem Holzkohlegrill garen. Ofen auf 200 °C vorheizen.

4 Gemüse mit Marinade bestreichen und im Ofen 25 Minuten backen. Auf Wunsch mit Salsa servieren.

PRO PORTION:
450 kcal
17 g Fett
60 Minuten
schnell · günstig · superfit · einfach

ZUTATEN

FÜR 6–8 PERSONEN

je 3 gelbe und rote Paprikaschoten

3 Zucchini

2 große Auberginen

3 Maiskolben

6–8 Tomaten

16 große Champignons

1 rote Chilischote

2 Knoblauchzehen

3 cm Ingwerwurzel

je 2 Stiele Zitronenthymian und Rosmarin

1 Bund Basilikum

150 ml Balsamessig

Jodsalz, schwarzer Pfeffer aus der Mühle

100 ml Olivenöl

FRISCHE-CHECK:
Champignons

Essen mit Messer & Gabel

Geschmorte TINTEN-FISCHE in Weißwein

ZUTATEN

FÜR 6–8 PERSONEN

4 Scheiben Vollkorntoast
1 Knoblauchzehe
2 Schalotten
4 EL Olivenöl
1 großer Zweig Rosmarin
abgeriebene Schale von 1 unbehandelten Zitrone
4 EL feine Kapern (in Lake eingelegt)
4 Fleischtomaten
Jodsalz
schwarzer Pfeffer aus der Mühle
12–16 mittelgroße, küchenfertige Tintenfischtuben
400 ml trockener Weißwein
1 Lorbeerblatt
20 Zahnstocher

FRISCHE-CHECK:
Fleischtomaten

1 Toast fein würfeln. Knoblauch und Schalotten fein hacken. In 2 EL Öl glasig dünsten. Die Toastwürfel zugeben und knusprig braten. Rosmarin fein hacken und zugeben. Mischung vom Herd nehmen.

2 Zitronenschale und Kapern unterziehen. Fleischtomaten fein würfeln und ebenfalls unterrühren. Mit Salz und Pfeffer pikant abschmecken.

3 Tintenfisch abspülen und gut abtropfen lassen. Mischung in die Tuben füllen. Mit Zahnstochern verschließen.

4 Restliches Öl erhitzen. Tintenfische von allen Seiten kräftig anbraten. Mit Wein ablöschen. Lorbeerblatt zugeben, mit Salz und Pfeffer abschmecken und zugedeckt 5 Minuten schmoren lassen. Dazu knuspriges Baguette reichen.

PRO PORTION: 220 kcal, 8 g Fett, 25 Minuten — schnell, günstig, superfit, einfach

OSSOBUCO mit Sellerie und Rotwein

1 Gemüse waschen, putzen, zerkleinern. Knoblauch und Zwiebel schälen und hacken. Getrocknete Tomaten abtropfen lassen; 2 EL Marinadeöl auffangen. Klein schneiden.

2 Fleisch abspülen, trocken tupfen, salzen und pfeffern. Öle in einem Bräter erhitzen und Fleisch von allen Seiten darin anbraten. Herausnehmen. Knoblauch und Zwiebel im Bratensaft 2 Minuten andünsten. Gemüse, Lorbeer und Zitronenschale zugeben und 5 Minuten schmoren. Mit Zitronensaft, Rotwein und Brühe ablöschen und abschmecken.

3 Fleisch bei Niedrighitze 90 Minuten darin weich garen. Petersilie waschen, trocken schütteln, hacken und unterziehen. Heiß servieren.

ZUTATEN

FÜR 6–8 PERSONEN

1 kg Möhren
1 kleiner Knollensellerie
3 große Stangen Lauch
1 Staude Bleichsellerie
6 Knoblauchzehen
1 rote Zwiebel
800 g Tomaten
10 getrocknete Tomaten in Öl
2 kg Kalbshaxe in Scheiben
Jodsalz, schwarzer Pfeffer
1 EL Olivenöl
3 Lorbeerblätter
Saft und Schale von 3 unbehandelten Zitronen
250 ml Rotwein
250 ml Gemüsebrühe
1 Bund Petersilie

FRISCHE-CHECK:
Möhren

PRO PORTION: 490 kcal, 11 g Fett, 2 Stunden — schnell, günstig, **superfit**, einfach

Geschmortes ZITRONEN-HÄHNCHEN

1 Hähnchen abspülen, trocken tupfen und jeweils in acht Teile zerlegen. Von allen Seiten mit Salz und Pfeffer einreiben. Zitronen abspülen und trocken reiben. Halbieren und in Scheiben schneiden.

2 Thymianblättchen und Rosmarinnadeln von den Stielen zupfen. Frühlingszwiebeln waschen, putzen und in Ringe schneiden. Knoblauch schälen und hacken.

3 Ofen auf 200 °C vorheizen. Öl in einem großen Bräter erhitzen. Hähnchenteile von allen Seiten goldbraun anbraten. Kräuter, Zwiebeln und Knoblauch zugeben und kurz mitbraten. Mit Brühe und Weißwein ablöschen.

4 Abgedeckt 30 Minuten im Ofen schmoren lassen. Deckel abnehmen und weitere 20 Minuten bei 175 °C garen. Hähnchen mit Salz und Pfeffer abschmecken. Dazu schmecken Bandnudeln und Salat.

PRO PORTION:
480 kcal
19 g Fett
70 Minuten | schnell | günstig | superfit | einfach

ZUTATEN

FÜR 6–8 PERSONEN

2 ganze Hähnchen

Jodsalz

schwarzer Pfeffer aus der Mühle

4 unbehandelte Zitronen

je 2 Stiele Thymian und Rosmarin

1 Bund Frühlingszwiebeln

3 Knoblauchzehen

2 EL Olivenöl

500 ml Gemüsebrühe (Instant)

200 ml Weißwein

FRISCHE-CHECK:
Zitronen

Special Tipp

Alleskönner Hähnchen

Hähnchenbrust ist nicht nur geschmort oder geschnetzelt, sondern auch in der Senfkruste köstlich. Mit Senf, Anis- und Fenchelsamen abschmecken, mit Honig aromatisieren und in Alufolie im Ofen (200 °C) 40 Minuten garen lassen. Folie nach einer halben Stunde entfernen, damit die Kruste knackig wird.

Essen mit Messer & Gabel

Gegrillter SEETEUFEL mit Limettensalsa

extra fettarm

1 Ofen auf 180 °C vorheizen. Fischschwänze abspülen und trocken tupfen. Mit Salz und Pfeffer einreiben. Rosmarin darauf legen und mit Küchengarn festbinden. Auf Alufoliestreifen von dreifacher Größe legen und mit 3 EL Olivenöl beträufeln. Die Folie zur Haube rollen und fest verschließen.

2 Fisch auf dem heißen Grill oder im Backofen 30 Minuten weich garen.

3 Unterdessen Sesamsaat in einer Pfanne goldbraun rösten, herausnehmen. Zwiebeln fein hacken. Knoblauch schälen und fein hacken. Chili entkernen und in feine Ringe schneiden. Tomaten fein würfeln. Limette auspressen. Saft mit den vorbereiteten Zutaten zur einer Salsa mischen.

4 Orangen dick schälen und dabei die weiße Haut mit entfernen. Das Fruchtfleisch zwischen den Trennhäuten herausschneiden, in Würfel schneiden und mit dem restlichen Öl unter die Salsa mischen. Koriander hacken und unterrühren. Mit Salz und Pfeffer pikant abschmecken und zum Fisch servieren.

PRO PORTION:
200 kcal
9 g Fett
50 Minuten — schnell, günstig, superfit, einfach

ZUTATEN

FÜR 6–8 PERSONEN

3 mittelgroße, küchenfertig vorbereitete Seeteufelschwänze

Jodsalz

schwarzer Pfeffer aus der Mühle

2–3 Zweige frischer Rosmarin

6 EL Olivenöl

extrastarke Alufolie zum Grillen

2 EL Sesamsaat

2 Lauchzwiebeln

2 Knoblauchzehen

1 kleine rote Chilischote

4 Fleischtomaten

1 Limette

2 Orangen

1 Bund frischer Koriander

FRISCHE-CHECK:
Lauchzwiebeln

Gegrillter CATFISH auf Orangen-Fenchel-Salat

ZUTATEN

FÜR 6–8 PERSONEN

2 Zweige frischer Rosmarin
2 Schalotten
6 EL Weißweinessig
6 EL Olivenöl
Jodsalz
schwarzer Pfeffer aus der Mühle
6 Orangen
4 mittelgroße Fenchelknollen
1,2–1,5 kg küchenfertiges Catfishfilet

FRISCHE-CHECK:
Catfishfilet

1 Rosmarin fein hacken. Schalotten schälen und hacken. Mit Essig und 4 EL Olivenöl zu einer Vinaigrette verschlagen und mit Salz und Pfeffer abschmecken.

2 Orangen dick schälen und dabei die weiße Haut entfernen. Fruchtfleisch in dünne Scheiben schneiden. Fenchel putzen und in feine Scheiben hobeln. Orangen und Fenchel auf einem großen Teller anrichten. Dressing darüber träufeln und ziehen lassen.

extra fettarm

3 Catfish abspülen, trocken tupfen und in Stücke schneiden. Mit dem restlichen Olivenöl bestreichen und mit Salz und Pfeffer würzen. Auf einem heißen Grill oder in einer beschichteten Pfanne von jeder Seite 2 Minuten garen und auf dem Orangen-Fenchel-Salat anrichten.

PRO PORTION: 270 kcal | 12 g Fett | 15 Minuten — schnell, günstig, superfit, einfach

LACHSFORELLE in der Salzkruste

extra fettarm

1 Lachsforelle abspülen und trocken tupfen. Von innen und außen salzen und pfeffern. Basilikum, Thymian und Dill abspülen, trocken schütteln und fein hacken. Knoblauch schälen und ebenfalls hacken. Limetten abspülen und trocken reiben. Eine Limette halbieren, auspressen und den Fisch von innen und außen beträufeln. Die andere Limette in Scheiben schneiden. Pimentkörner im Mörser fein zerstoßen. Fisch mit Kräutern, Limettenscheiben und Pimentkörnern füllen.

2 Ofen auf 250 °C vorheizen. Für die Kruste Salz mit Eiweiß und 400 ml kaltem Wasser verrühren. Ein Drittel der Salzmasse quer auf einem Backblech verstreichen, Fisch darauf legen und mit der restlichen Salzmasse vollständig abdecken, so dass kein Luftloch vorhanden ist. Bei hoher Hitze 40 Minuten im Ofen backen.

3 Fisch mit einem Hammer aus der Kruste lösen (Beutel für die Reste des Salzteigs bereitstellen). Dazu schmecken Bandnudeln und Kräuterbutter.

ZUTATEN

FÜR 6–8 PERSONEN

1 küchenfertige Lachsforelle (ca. 2 kg)
3 kg Jodsalz für die Kruste
schwarzer Pfeffer aus der Mühle
je 1/2 Bund Basilikum, Thymian und Dill
2 Knoblauchzehen
2 unbehandelte Limetten
1 TL Pimentkörner
3–4 Eiweiß

FRISCHE-CHECK:
Lachsforelle

PRO PORTION: 340 kcal | 8 g Fett | 60 Minuten — schnell, günstig, superfit, einfach

Essen mit Messer & Gabel

Gegrillter ZIEGEN-KÄSE mit Tomaten

ZUTATEN

FÜR 6–8 PERSONEN

4 Fleischtomaten

1 Bund frischer Salbei

150 g schwarze Oliven ohne Stein

150 g Walnusskerne

600–800 g Ziegenfrischkäse von der Rolle

schwarzer Pfeffer aus der Mühle

4 EL Olivenöl

extrastarke Alufolie zum Grillen

FRISCHE-CHECK:
Fleischtomaten

1 Ofen auf 200 °C vorheizen. Tomaten waschen, trocken reiben und in Scheiben schneiden. Salbeiblättchen von den Stielen zupfen, in Streifen schneiden. Oliven hacken, Walnüsse grob hacken.

2 Ziegenkäse in 1 cm dicke Scheiben schneiden und auf Alustreifen dreifacher Größe legen. Mit Tomatenscheiben belegen und pfeffern. Salbei, Oliven und Nüsse darauf verteilen und Olivenöl darüber träufeln.

3 Alufolie fest verschließen und den Käse auf dem heißen Grill oder im Backofen 10 Minuten garen.

Elsässischer ZWIEBELKUCHEN

1 Mehl und Salz, 1 Ei und Butter zu einem glatten Teig verkneten, zu einer Kugel formen und im Kühlschrank 30 Minuten ruhen lassen.

2 Zwiebeln schälen, in Ringe schneiden. Schnittlauch abspülen, trocken schütteln, in Röllchen schneiden. Bacon fein würfeln, in einer beschichteten Pfanne ohne Fett knusprig ausbraten.

3 Teig für eine Springform (28 cm Durchmesser) ausrollen; Ränder nicht vergessen. Milch, saure Sahne und Eier verquirlen und würzen. Zwiebeln und Schnittlauch unterziehen. Käse grob reiben. Ofen auf 180 °C vorheizen. Zwiebelfüllung auf Teig verteilen, mit Käse bestreuen und 40 Minuten goldbraun backen. Bei Bedarf mit Alufolie abdecken.

PRO PORTION:
590 kcal
37 g Fett
60 Minuten
schnell · günstig · superfit · einfach

ZUTATEN

FÜR 6–8 PERSONEN

270 g Mehl
1/2 TL Jodsalz
3 Eier
125 g kalte Butter
800 g Zwiebeln
1 Bund Schnittlauch
100 g Bacon
schwarzer Pfeffer aus der Mühle
1 TL Rosenpaprika
1 TL Kümmel
300 ml fettarme Milch
200 g saure Sahne
150 g Greyerzerkäse

FRISCHE-CHECK:
Schnittlauch

!Special Tipp

Praktisch: Tarte & Pie

Gefüllte Pies und Tartes halten das Budget im Rahmen und lassen sich gut vorbereiten. Für eine pikante Gemüsetarte mit getrockneten Feigen, Rosinen und einer Auberginen-Fenchel-Tomaten-Füllung einen Mürbeteig verwenden. Gemüse mit Kreuzkümmel abschmecken. Für die Füllung zu gleichen Teilen saure Sahne und fettarme Milch verarbeiten; ein bis zwei Eier lassen die Masse stocken.

Dazu passen Rotwein, Cidre oder Bier.

Essen mit Messer & Gabel

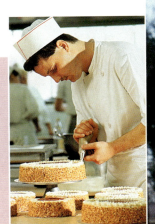

Unsere süßen Verführungen zum Nachtisch sind selbstverständlich köstlich und kalorienarm zugleich.

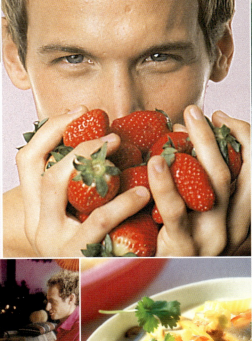

Erdbeeren im vollreifen Zustand kaufen, denn einmal gepflückt reifen sie im Gegensatz zu anderen Früchten nicht nach.

the

Gibt's zu kaufen, ist selbst gemacht aber viel lustiger: ein klassisches Halloween-Outfit aus alten Bettlaken.

Themenpartys bieten sich an, wenn der Kreativität von Gastgebern und Gästen keine Grenze gesetzt werden soll. Ob **Halloween-Fun, eine Chili-Party oder ein süßes Nachtischbankett:** Die kulinarischen Erkundungen eines Themas sind vielfältig. Und so sollten auch die Dekoration und das Outfit der Gäste sein. Nur Mut!

me Parties

Essen mit dem Löffel

Gartenkürbisse wie diese eignen sich zum Aushöhlen. Daraus wird eine Halloween-Leuchte oder eine hübsche Suppenterrine.

Kulinarisch verschärft kommen seit einiger Zeit Partys daher. Denn das dafür nötige Rüstzeug aus „heißen" Saucen und frischen Chilis unterschiedlicher Größe und Aromen muss nicht mehr aus Fernost oder vom New Yorker Union Square Market importiert werden. Sollten die Paprikarahmsuppe mit Chili oder die Jambalaya mal etwas zu scharf ausgefallen sein: Mit weichem Brot dagegen ankämpfen, aber nie mit Wasser oder Alkohol, denn beides verschärft nur die Geschmackswucht.

Auch eine Suppenparty kann Spaß machen. Denn: Die klassische Dreifaltigkeit von Vorspeise, Hauptgericht, Dessert darf auf einer Party gerne durchbrochen werden. Klassisch italienisch als Minestrone, klassisch französisch als Zwiebelsuppe, klassisch englisch als Stew, klassisch deutsch als Gulaschsuppe – bei solcher Vielfalt kann vom europäischen Einheitsbrei keine Rede mehr sein. Beim ▶**Geschirr** nicht nur auf Praktikabilität achten, sondern auch auf die Optik. Denn vom Plastiklöffel schmeckt's tatsächlich weniger gut, und das wäre schade.

Süße Versuchung in Dessertgestalt: Wer bekommt vor einem Nachtischbuffet keine leuchtenden Augen! Und was spricht dagegen, es zum Gegenstand einer ganzen Party zu machen und zarte Beeren, aromatische Früchtchen und schmelzende Schokolade, aromatisiert mit echtem Kakao, Bourbonvanille oder frischer Minze, miteinander konkurrieren zu lassen? Die Würzzutaten sorgen dafür, dass die süße Tafel nicht zu süß, sondern vielseitig schmeckt und selbst herb geprägte Gaumen in Versuchung führt. Am Nachmittag gibt es dazu Tee und Kaffee, am frühen Abend einen feinen, fruchtigen Weißwein oder einen körperreichen Sekt. Die Dekoration orientiert sich am feinen Geschmack von Flan, Parfait und Crème. Denn farb- und geschmacksintensive Desserts kommen am besten auf schlichten weißen oder Glastellern zur Geltung. Dazu feine Wickenblüten und helle Tischdecken: So lässt es sich besonders schön mit Freundinnen feiern.

Beim Essen über das Essen reden: einst Tradition in Frankreich, heute überall.

Halloween heißt der amerikanische Spuk, der endlich auf Deutschland übergeschwappt ist. Unverzichtbar: der Kürbis. Als Jack-O-Lantern (der Sage nach ein trinkfester Ire, der sich mit Gott und dem Teufel gleichzeitig anlegte und später weder im Himmel noch in der Hölle Einlass fand) wird er zum Fratzengesicht. Dazu den Stiel eines Gartenkürbisses sechseckig ausschneiden und das Innere sorgfältig aushöhlen. **Wichtig: nur zwei bis drei Zentimeter Rand stehen lassen, sonst fault der Kürbis schnell und sinkt zusammen.** In den Boden eine Halterung für die Kerze einschnitzen. Zu einer richtigen Halloween-Party gehört kein kulinarisches Grauen, sondern ein optisches: Immerhin glaubten die alten Kelten, am Abend vor dem englischen Fest *All Saints* Besuch von ihren Vorfahren zu bekommen. Geister und Hexen gehören bis heute zur Halloween-Folklore dazu. Passende Deko: eine Bowle, in die eine abgeschnittene Hand getaucht ist. Dazu einen durchsichtigen Gummihandschuh mit rot eingefärbtem Wasser füllen, sorgfältig verschließen und im Tiefkühlfach fest werden lassen. Grüne Glühbirnen geben einen unwirklichen Effekt.

▶LINKS

Geschirr lässt sich mieten, leihen oder mit etwas Glück billig erstehen. Bei gehaltvollen Suppen empfiehlt sich die Investition, denn die dünnen Papp- oder Plastikteller machen nicht alles mit.

Essen mit dem Löffel

Essen mit dem Löffel

Paprikarahmsuppe mit CHILI

ZUTATEN

FÜR 6–8 PERSONEN

1,6 kg rote Paprika

5 Schalotten

2 Knoblauchzehen

4 cm Ingwerwurzel

1 scharfe rote Chilischote

2 EL Olivenöl

je 2 Stiele Thymian und Rosmarin

3 Pimentkörner

Saft von 2 Zitronen

1 l Gemüsefond

250 ml Schlagsahne

2 TL Honig

Jodsalz

schwarzer Pfeffer aus der Mühle

2 Stiele frischer Koriander

FRISCHE-CHECK:
Paprika

1 Paprika waschen und halbieren. Paprikaschoten mit der Hautseite nach oben im Backofen bei 220 °C backen, bis die Haut braun wird und Blasen wirft. Herausnehmen und mit einem feuchten Küchentuch abdecken. So lässt sich die Zellophanhaut problemlos abziehen.

2 Paprika klein schneiden. Schalotten, Knoblauch und Ingwer schälen und hacken. Chilischote halbieren, entkernen und fein hacken.

3 Öl in einem Topf erhitzen. Schalotten und Knoblauch darin anbraten. Paprika, Thymian, Rosmarin, Piment und Zitronensaft zugeben. 5 Minuten dünsten.

4 Gemüsefond zugeben und 10 bis 12 Minuten köcheln lassen. Kräuter entfernen. Die Suppe fein pürieren und durch ein Sieb streichen. Sahne unterrühren und kurz aufkochen. Mit Honig, Jodsalz und Pfeffer abschmecken. Koriander abspülen und trocken schütteln. Koriander von den Stielen zupfen und hacken. Über die Suppe streuen und gleich servieren.

extra fettarm

PRO PORTION:
250 kcal
15 g Fett
35 Minuten — schnell, günstig, superfit, einfach

PFIRSICHTARTE mit Sorbet

extra fettarm

1 Für das Sorbet Zitronen- und Maracujasaft, Cidre und Puderzucker aufkochen und 10 Minuten sirupartig einkochen lassen. Pfirsiche überbrühen, häuten und entsteinen. Dann pürieren und das Püree unter den abgekühlten Sirup ziehen. In eine Rührschüssel füllen, ins Eisfach stellen und 4 Stunden gefrieren lassen. Zwischendurch mehrmals gut durchrühren.

2 Für den Teig Mehl, Butter, Salz und Puderzucker mischen. Ei und 2 EL Zitronensaft hinzufügen, zu einem glatten Teig verkneten. Teig in Folie wickeln und 1 Stunde im Kühlschrank ruhen lassen.

3 Ofen auf 200 °C vorheizen. Pfirsiche halbieren, entsteinen und in dünne Scheiben schneiden. Mit dem restlichen Zitronensaft beträufeln. Teig dünn ausrollen und eine Tarteform damit auslegen. Pfirsichscheiben gleichmäßig einschichten. Honig darüber träufeln. Im Ofen 35 Minuten goldgelb backen.

4 Sorbet leicht antauen lassen und mit dem Handrührer nochmals durchmixen. Mit einem Kugelformer aus Metall kleine Kugeln abstechen und die Tarte damit dekorieren.

ZUTATEN

FÜR 6–8 PERSONEN

Für das Sorbet:

Saft von 2 Zitronen

125 ml Maracujasaft

125 ml Cidre

4 EL Puderzucker

4 Pfirsiche

Für die Tarte:

175 g Mehl

100 g Butter

Jodsalz

3 EL Puderzucker

1 Ei

Saft von 1 Zitrone

4 Pfirsiche

1 EL Honig

FRISCHE-CHECK:
Pfirsiche

PRO PORTION:
390 kcal
13 g Fett
5 Stunden — schnell, günstig, superfit, einfach

Essen mit dem Löffel

ZWIEBELSUPPE
mit Croûtons und Käse

ZUTATEN

FÜR 6–8 PERSONEN

1 kg Zwiebeln, 200 g durchwachsener Speck

4 EL Olivenöl, 1/2 TL Zucker

1 EL Pimentkörner, 3 Lorbeerblätter, 2 Stiele Thymian, abgerebelt

2 l Gemüsefond, Jodsalz, schwarzer Pfeffer aus der Mühle

1,6 kg Tomaten aus der Dose

100 g Bauernbrot

1 Bund glatte Petersilie

150 g geriebener Emmentaler

FRISCHE-CHECK:
Petersilie

1 Zwiebeln schälen und in Ringe schneiden. Speck fein würfeln. Einen großen Topf erhitzen. Speck darin knusprig auslassen. 2 EL Öl, Zucker und Zwiebeln zugeben und 10 Minuten garen. Piment, Lorbeer und Thymian zufügen. Gemüsefond unterrühren. 10 Minuten köcheln lassen, salzen und pfeffern.

2 Tomaten abtropfen lassen, zerkleinern und zugeben. Weitere 10 Minuten garen. Abschmecken.

3 Brot in Würfel schneiden. Im restlichen Öl knusprig braten. Salzen und pfeffern, aus der Pfanne nehmen und abkühlen lassen. Petersilie abspülen, trocken schütteln und fein hacken. Suppe auf Tellern anrichten und mit Croûtons, Petersilie und Emmentaler bestreuen.

extra fettarm

PRO PORTION: 450 kcal | 13 g Fett | 40 Minuten | schnell | günstig | superfit | einfach

Passen zu vielem: Kerbelklößchen

Als Suppeneinlage oder zu feinen Fischgerichten eignen sich Kerbelklößchen aus 80 g Grieß, der in 200 ml heißer Milch quellt und mit 2 Eiern und 30 g Parmesan gebunden wird. Nun fein gehackten, frischen Kerbel (mindestens ein Bund) unterrühren, mit Teelöffeln Klößchen abstechen und in heißem Wasser 10 Minuten sieden.

GULASCHSUPPE mit Tomaten und Majoran

ZUTATEN

FÜR 6–8 PERSONEN

1,2 kg gemischtes Gulasch

400 g Zwiebeln

3–4 Knoblauchzehen

500 g Kartoffeln

2 EL Öl

4 TL Rosenpaprika (scharf!)

4 EL Tomatenmark

1,6 kg Tomaten aus der Dose

2 Lorbeerblätter

1 TL Kümmel

Jodsalz

schwarzer Pfeffer aus der Mühle

1 l Gemüsebrühe (Instant)

3 Stiele Majoran

FRISCHE-CHECK:
Gulasch

extra fettarm

1 Gulasch abspülen und trocken tupfen. Bei Bedarf feiner würfeln. Zwiebeln und Knoblauch schälen und hacken. Kartoffeln waschen, schälen und würfeln. Öl in einem großen Topf erhitzen und das Fleisch darin portionsweise kräftig anbraten. Zum Schluss das gesamte Fleisch in den Topf geben und Zwiebeln und Knoblauch unterrühren.

2 Paprikapulver und Tomatenmark zum Fleisch geben, kurz andünsten. Dosentomaten mit einer Gabel zerkleinern und mit ihrem Saft zum Fleisch geben. Lorbeerblätter und Kümmel unterrühren. Mit Salz und Pfeffer abschmecken und abgedeckt 20 Minuten schmoren.

3 Kartoffelwürfel zum Fleisch geben. Mit Brühe auffüllen und 1 Stunde sanft köcheln lassen, bis die Kartoffeln zerfallen. Ist die Suppe zu dickflüssig, noch etwas Brühe zugeben. Dickt sie nicht ausreichend ein, ohne Deckel weiterkochen. Majoranblättchen von den Stielen zupfen. Kurz vor dem Servieren zur Suppe geben, nochmals abschmecken und gleich servieren.

PRO PORTION: 430 kcal | 14 g Fett | 2 Stunden | schnell | günstig | superfit | einfach

LAKSA mit Hähnchen und Zitronengras

1 Fleisch kalt abspülen und trocken tupfen. Möhren, Staudensellerie und Paprika waschen, putzen und klein schneiden. Zwiebel, Knoblauch und Ingwer schälen und fein hacken. Chilischoten halbieren, entkernen und hacken. Zitronengras putzen und in feine Röllchen schneiden.

2 Öl in einem Topf erhitzen. Hähnchenbrust von allen Seiten kräftig anbraten, bis das Fleisch Bräune annimmt, und salzen. Zwiebel, Knoblauch, Ingwer, Zitronengras und Chili zugeben und kurz mitbraten. Vorsicht: Knoblauch verbrennt leicht und wird bitter.

3 Nun Möhren, Sellerie, Paprika und Kaffir-Limettenblätter (im Ganzen) zugeben. Kokosmilch und Brühe angießen, die Laksa aufkochen lassen und anschließend 20 Minuten abgedeckt bei mittlerer Hitze köcheln. Dabei mehrfach umrühren.

4 Champignons säubern und halbieren. Lauchzwiebeln putzen und in feine Ringe teilen. Beides 8 bis 10 Minuten vor Ende der Garzeit unter die Suppe ziehen. Milch angießen und die Laksa mit Sojasauce, Pfeffer und Koriander abschmecken.

PRO PORTION:
620 kcal
20 g Fett
45 Minuten — schnell, **günstig**, **superfit**, einfach

ZUTATEN

FÜR 6–8 PERSONEN

- 1 kg Hähnchenbrust
- 500 g Möhren
- 400 g Staudensellerie
- 2 rote Paprikaschoten
- 1 große Zwiebel
- 2 Knoblauchzehen
- 4 cm Ingwerwurzel
- 2 rote Chilischoten
- 1 Stängel Zitronengras
- 2 EL Sonnenblumenöl
- Jodsalz
- 3 Kaffir-Limettenblätter
- 400 ml ungesüßte Kokosmilch
- 1 l Hühnerbrühe (Instant)
- 300 g Champignons
- 2 Lauchzwiebeln
- 200 ml fettarme Milch
- 2 EL Sojasauce
- weißer Pfeffer aus der Mühle
- 1/2 Bund frischer Koriander

FRISCHE-CHECK: Möhren

Essen mit dem Löffel

Special Tipp: Kürbiskunst

Mit Essen spielt man nicht! Diese Ermahnung gilt nicht bei Kürbissen, denn die können gefüllt werden oder ausgehöhlt werden, ohne dass das wertvolle Fruchtfleisch verloren geht. Mittlerweile gibt es auf Märkten viele Sorten zu entdecken.

KÜRBISSUPPE
mit Mais und Chili

ZUTATEN

FÜR 6–8 PERSONEN

200 g Zwiebeln
2 Knoblauchzehen
6 große Möhren
100 g Kartoffeln
2 kg Gartenkürbis
2 rote Chilischoten
4 EL Öl
2 l Gemüsebrühe
Jodsalz
weißer Pfeffer
950 g Dosenmais
1 Bund Schnittlauch

FRISCHE-CHECK:
Gartenkürbis

1 Zwiebeln und Knoblauch schälen und fein hacken. Möhren putzen, waschen und würfeln. Kartoffeln schälen und klein schneiden. Kürbis schälen, Kerngehäuse entfernen, das Fruchtfleisch würfeln. Chilischoten längs halbieren, entkernen und hacken.

2 Öl in einem Topf erhitzen. Zwiebeln und Knoblauch darin glasig dünsten. Möhren, Kartoffeln, Kürbis und Chilis zugeben und 7 Minuten schmoren. Mit Gemüsebrühe ablöschen. Mit Salz und Pfeffer abschmecken. Die Suppe 25 Minuten köcheln lassen. Gemüse in der Suppe pürieren (ist sie zu dickflüssig, noch mit etwas Brühe auffüllen).

3 Mais in der Suppe erwärmen. Schnittlauch abspülen, trocken schütteln und in Röllchen schneiden. Suppe nochmals abschmecken. Mit Schnittlauch anrichten.

PRO PORTION:
330 kcal
9 g Fett
40 Minuten · schnell · günstig · superfit · einfach

LAMM-STEW mit Sellerie und Piment

ZUTATEN

FÜR 6–8 PERSONEN

750 g mageres Lammfleisch aus der Keule
2 Zwiebeln
250 g Kartoffeln
250 g Möhren
150 g Knollensellerie
1 Petersilienwurzel
250 g Wirsing
1 Lorbeerblatt
1 TL Pimentkörner
6 Stiele Thymian
1 EL Tomatenmark
Jodsalz
Pfeffer aus der Mühle

FRISCHE-CHECK:
Petersilienwurzel

1 Fleisch trocken tupfen und in Würfel schneiden. Zwiebeln schälen und in Spalten schneiden. Kartoffeln, Möhren, Sellerie und Petersilienwurzel schälen und in dickere Scheiben schneiden. Wirsing putzen und klein schneiden.

2 Die Hälfte des Fleischs auf dem Boden eines Topfs verteilen. Gemüse, Lorbeer, Piment und Thymian darauf verteilen, darüber das restliche Fleisch geben. 1/2 Liter heißes Wasser mit Tomatenmark verrühren und über das Fleisch gießen. Mit Salz und Pfeffer abschmecken.

3 Eintopf 50 Minuten garen, bei Bedarf nochmals abschmecken. Heiß servieren.

PRO PORTION:
220 kcal
7 g Fett
80 Minuten — schnell, günstig, superfit, einfach

Jambalaya mit SCAMPI und Chili

1 Schweine- und Hähnchenfleisch abspülen und sorgfältig trocken tupfen. In gleich große Würfel schneiden. Scampi abspülen und trocken tupfen. Zwiebel und Knoblauch schälen und klein schneiden. Möhren, Sellerie und Paprika waschen und putzen. Möhren in Scheiben, Sellerie in Stücke und Paprika in Streifen schneiden. Pilze putzen und in Scheiben schneiden. Lauch waschen und in Ringe schneiden. Chilischoten längs halbieren, entkernen und fein hacken.

2 Reis waschen. Öl in einem großen Topf erhitzen. Schweine- und Hähnchenfleisch sowie die Scampi von allen Seiten anbraten. Scampi nach 5 Minuten herausnehmen, abdecken und warm stellen. Zwiebel, Knoblauch, Möhren, Sellerie, Lauch, Paprika und Chili unterrühren. Ungefähr 20 Minuten schmoren lassen.

3 Den Reis und die Hälfte der Brühe zufügen. Salzen und pfeffern. Weitere 25 Minuten garen, dann die restliche Brühe angießen. Die Konsistenz der Jambalaya sollte nun nicht mehr zu flüssig sein. Pilze und Scampi untermischen und noch weitere 6 Minuten garen. Die Jambalaya mit Limettensaft, Jodsalz und Pfeffer abschmecken. Petersilie waschen, trocken schütteln und fein hacken und den Eintopf damit bestreuen.

ZUTATEN

FÜR 6–8 PERSONEN

750 g mageres Schweinefleisch
600 g Hähnchenbrustfilet
24 küchenfertige Scampi
1 Gemüsezwiebel
3 Knoblauchzehen
500 g Möhren
1 Stange Staudensellerie
je 2 rote und gelbe Paprika
400 g Champignons oder Austernpilze
2 Stangen Lauch
3 rote Chilischoten
700 g Langkornreis
4 EL Sonnenblumenöl
2 l Hühnerbrühe
Jodsalz
Pfeffer aus der Mühle
Saft von 1 Limette
1 Bund Petersilie

FRISCHE-CHECK:
Lauch

PRO PORTION:
1120 kcal
30 g Fett
60 Minuten — schnell, günstig, superfit, einfach

Essen mit dem Löffel

MINESTRONE mit Nudeln und Parmesan

ZUTATEN

FÜR 6–8 PERSONEN

500 g Tomaten
750 g Zucchini
500 g gelbe Paprikaschoten
2 rote Chilischoten
1 Gemüsezwiebel
2 EL Olivenöl
1 Lorbeerblatt
1 TL Pimentkörner
1 l Gemüsebrühe (Instant)
100 g magerer Bacon
80 g Parmesan
250 g mittelgroße Pasta (z. B. Ruote)
3–4 EL Pesto (aus dem Glas)
Jodsalz
schwarzer Pfeffer aus der Mühle
etwas frisches Basilikum

FRISCHE-CHECK: Zucchini

1 Tomaten kreuzweise einritzen, mit kochendem Wasser überbrühen und häuten. Tomaten anschließend halbieren, Kerne herauslösen, Fruchtfleisch in Spalten schneiden. Zucchini waschen, putzen und in Scheiben schneiden. Paprika putzen, waschen und in Rauten schneiden. Chilis waschen, längs halbieren, entkernen und hacken. Zwiebel schälen und würfeln.

2 Olivenöl in einem Topf erhitzen. Alles Gemüse außer den Tomaten darin anschmoren. Lorbeerblatt und Piment zufügen. Mit Gemüsebrühe ablöschen. Minestrone bei schwacher Hitze zugedeckt 30 Minuten köcheln lassen. Tomaten zugeben und weitere 10 bis 15 Minuten garen.

3 Bacon in Würfel schneiden und in einer Pfanne ohne Fett knusprig ausbraten. Auf Küchenkrepp abtropfen lassen. Parmesan mit einem Käsehobel oder Sparschäler in Späne oder Flocken hobeln.

4 Minestrone aufkochen. Nudeln darin nach Packungsangabe bissfest garen. Pesto einrühren und mit Salz und Pfeffer abschmecken. Minestrone mit Speck, Parmesan und Basilikumblättchen bestreuen und heiß servieren.

PRO PORTION:
350 kcal
17 g Fett
45 Minuten — schnell · günstig · superfit · einfach

MÖHRENSUPPE
mit Ingwer und Orange

1 Möhren putzen, schälen und in dünne Scheiben schneiden. Schalotten und Ingwer schälen und fein würfeln, beides im heißen Öl glasig dünsten. Möhren bis auf 250 g zugeben und 5 Minuten schmoren. Mit der Gemüsebrühe ablöschen und zugedeckt 20 Minuten garen.

2 Möhren mit einem Zauberstab in der Brühe pürieren. Orange waschen, trocken reiben und mit einem Zester feine Streifen abziehen. Mit den restlichen Möhren an die Suppe geben und 5 Minuten köcheln lassen.

3 Orange halbieren und auspressen. Suppe mit Salz, Pfeffer und Orangensaft (oder auch mit Ingwerpulver und Orangenpfeffer) abschmecken und mit saurer Sahne anrichten.

ZUTATEN
FÜR 6–8 PERSONEN
- 2 kg Möhren
- 4 Schalotten
- 4 cm Ingwerwurzel
- 3 EL Pflanzenöl
- 1,5 l Gemüsebrühe (Instant)
- 1 unbehandelte Orange
- Jodsalz
- weißer Pfeffer
- grob gemahlener Orangenpfeffer oder Ingwerpulver (bei Wunsch)
- 150 g saure Sahne

FRISCHE-CHECK: Orange

PRO PORTION: 170 kcal / 8 g Fett / 40 Minuten — schnell, günstig, superfit, **einfach**

Sizilianischer EINTOPF
mit Pinienkernen

ZUTATEN
FÜR 6–8 PERSONEN
- 1 kleine Gemüsezwiebel
- 2 Knoblauchzehen
- 700 g Möhren
- 1 Staude Stangensellerie
- 3 Auberginen
- 700 g Kartoffeln
- 700 g Putenbrust
- 4 EL Olivenöl
- Jodsalz
- schwarzer Pfeffer aus der Mühle
- 4 EL Tomatenmark
- 250 ml trockener Weißwein
- 1 l Hühnerbrühe (Instant)
- 2 Lorbeerblätter
- 1 TL Honig
- 50 g Pinienkerne
- 4 mittelgroße Tomaten
- 4 EL Kapern
- 2 EL Weißweinessig
- 6 Stiele Basilikum

FRISCHE-CHECK: Stangensellerie

1 Zwiebel und Knoblauch schälen und würfeln. Möhren putzen, in dicke Scheiben schneiden. Sellerie putzen, waschen und schräg in breite Stücke schneiden. Auberginen waschen, vierteln und in Stücke schneiden. Kartoffeln schälen und würfeln. Putenbrust waschen, trocken tupfen und ebenfalls in Würfel schneiden.

2 Öl in einem großen Schmortopf erhitzen und Fleischwürfel darin goldbraun braten. Mit Salz und Pfeffer würzen, herausnehmen. Zwiebel, Knoblauch, Möhren und Sellerie kurz im Bratfett anschmoren. Auberginen, Kartoffeln und Tomatenmark zufügen und 5 Minuten mitschmoren. Mit Wein und Hühnerbrühe ablöschen. Lorbeerblätter und Honig unterziehen. Den Eintopf zugedeckt 20 Minuten köcheln.

3 Pinienkerne in einer Pfanne ohne Fett rösten. Tomaten waschen, achteln und entkernen. Tomaten mit Putenbrust und Kapern zum Gemüse geben. Weitere 10 bis 15 Minuten schmoren. Ist der Eintopf zu dickflüssig, noch Brühe angießen. Ist er zu dünnflüssig, ohne Deckel einkochen lassen.

4 Pinienkerne unter den Eintopf ziehen und mit Salz, Pfeffer und Essig abschmecken. Basilikumblätter waschen, trocken tupfen. Eintopf in Schüsseln füllen und mit Basilikum bestreuen.

PRO PORTION: 480 kcal / 13 g Fett / 50 Minuten — schnell, günstig, superfit, **einfach**

Tipp: Pinienkerne
Mittlerweile in jedem Supermarkt erhältlich. Doch die Qualität kann variieren. Wichtig: auf Herkunftsland und Haltbarkeitsdatum achten. Reste lassen sich prima einfrieren.

Essen mit dem Löffel

!special Tipp

Wie bei Mutti

Schokopudding mit Vanillesauce, geschmacklich auf ein neues Jahrtausend gebracht mit Akazienhonig, gehackten Mandeln und Kaffee. Köstlich ist er lauwarm; dazu warme Vanillesauce, die aus fettarmer Milch, etwas Stärke und Bourbonvanille gewonnen wird.

Während des Abkühlens öfter umrühren, damit sich keine Haut bilden kann.

Grießflammeri mit marinierten FEIGEN

ZUTATEN

FÜR 6–8 PERSONEN

1 Bourbon-Vanilleschote
1 l fettarme Milch
8 EL flüssiger Honig
1 Prise Jodsalz
100 g Grieß
abgeriebene Schale von 1/2 unbehandelten Zitrone
1 Ei
6–8 Feigen
Saft von 2 Limetten
100 ml Orangensaft
je 1 Messerspitze Zimt, Kardamom und Nelken, gemahlen

FRISCHE-CHECK:
Feigen

1 Mit einem scharfen Messer das Mark aus der Vanilleschote schaben. Milch, 4 EL Honig, Salz und Vanillemark aufkochen. Grieß und Zitronenschale unter Rühren einstreuen. Bei ausgeschaltetem Herd wenige Minuten ausquellen lassen.

2 Ei trennen. Eigelb unter den heißen Grießflammeri ziehen, Eiweiß sehr steif schlagen und vorsichtig unterheben. Masse in kleine Förmchen füllen, die Oberfläche glatt streichen und im Kühlschrank abkühlen und fest werden lassen.

3 Feigen putzen, waschen und in Spalten schneiden. Restlichen Honig, Limetten- und Orangensaft, Zimt, Kardamom und Nelken vermischen, erhitzen und etwas einkochen lassen. Feigen 2 Minuten mit erhitzen. Im Sud lauwarm abkühlen lassen. Grießflammeriförmchen kurz in heißes Wasser halten und auf Teller stürzen. Feigen darauf anrichten.

extra fettarm

PRO PORTION:
190 kcal
4 g Fett
30 Minuten · schnell · günstig · superfit · einfach

Honigjogurt mit HIMBEEREN

1 Himbeeren verlesen. Alternativ tiefgefrorene Himbeeren auftauen lassen. Einige Beeren zur Dekoration beiseite legen.

2 Orange waschen, trocken reiben und mit einem Zester von der Schale dünne Streifen abziehen. Orange halbieren und auspressen. Saft und Schale mit Honig bei Niedrighitze etwas einkochen und abkühlen lassen.

3 Fettarmen und Vollmilchjogurt glatt rühren und die Honig-Orangen-Mischung unterziehen. Jogurt zur Hälfte in hübsche Gläser füllen, Früchte darauf schichten und mit Jogurtcreme abschließen. Zitronenmelisse waschen, trocken schütteln, in Streifen schneiden und mit den restlichen Himbeeren als Dekoration verwenden.

PRO PORTION:
190 kcal
4 g Fett
20 Minuten — schnell, **günstig**, **superfit**, einfach

ZUTATEN

FÜR 6–8 PERSONEN

- 500 g Himbeeren (frisch oder TK-Ware)
- 1 unbehandelte Orange
- 8 EL flüssiger Honig
- 500 g fettarmer Jogurt
- 500 g Vollmilchjogurt
- 5 Stiele Zitronenmelisse

FRISCHE-CHECK:
Zitronenmelisse

Johannisbeer-Biskuittorte mit MOHN

1 Johannisbeeren verlesen, waschen, mit einer Gabel vom Stiel ziehen und pürieren. 2 Gelatineblätter in Wasser einweichen. Drei Viertel des Fruchtpürees durch ein Sieb streichen und mit dem Zucker aufkochen. Vom Herd nehmen. Gelatine ausdrücken und unterrühren. Mohn im Fruchtsaft 10 Minuten quellen lassen. Restliches Johannisbeerpüree unterziehen. Abkühlen lassen.

2 Restliche Gelatine in kaltem Wasser einweichen. Kuvertüre im Wasserbad vorsichtig schmelzen. Ei in einer zweiten Schüssel im Wasserbad schaumig schlagen. Gelatine ausdrücken und unter die Eimasse rühren. Die Schüssel aus dem Wasserbad nehmen. Geschmolzene Kuvertüre und das ▸Vanillemark unterrühren.

3 Sahne steif schlagen. Erst Quark, dann Sahne mit dem Schneebesen vorsichtig unter die Eicreme ziehen.

4 Biskuitboden in eine Springform geben, fingerdick mit Creme bestreichen und kalt stellen, bis die Creme fest wird. Eine dünne Schicht Johannisbeerpüree darauf verstreichen und im Kühlschrank erstarren lassen.

5 Restliche Sahnecreme mit der Mohnmasse verrühren und auf dem Püree verteilen. Die Masse abermals im Kühlschrank fest werden lassen. Restliches Johannisbeerpüree als letzte Schicht auf der Creme verteilen und nochmals kalt stellen. Fertige Schichttorte in Stücke schneiden und nach Belieben mit Früchten servieren.

ZUTATEN

FÜR 8–12 STÜCKE

300 g schwarze Johannisbeeren
4 Blatt Gelatine
2 EL Puderzucker
30 g Mohn
150 ml Orangensaft
100 g weiße Kuvertüre
1 Ei
1 Vanilleschote
100 ml Sahne
100 g Magerquark
1 Biskuitboden (Ø 22 cm)

FRISCHE-CHECK:
Johannisbeeren

extra fettarm

PRO PORTION:
170 kcal
6 g Fett
50 Minuten — schnell, günstig, superfit, einfach

Tipp: Buttermilchcreme mit Sommerbeeren

Aus 400 ml Buttermilch, 6 Blatt Gelatine, dem Saft von 2 Limetten und etwas Zucker eine heiße Creme rühren. 3 ganz frische Eiweiße aufschlagen und unter die Creme heben. In Förmchen füllen und kalt werden lassen. Gemischte Sommerbeeren mit Ahornsirup aromatisieren und zur erfrischenden Creme reichen.

ERDBEEREN mit Rhabarberschaum

▸**LINKS**

Vanillemark aus der Bourbonvanille aromatisiert auch in kleiner Menge. Schote der Länge nach aufschneiden und das Mark mit einem Messer herausschaben.

Rhabarber ist fett- und cholesterinfrei, braucht aber etwas Zucker, denn ungesüßt ist er zu sauer zum Verzehr.

ZUTATEN

FÜR 6–8 PORTIONEN

500 g Rhabarber
Saft von 3 Zitronen
150 g Vollrohrzucker
4 superfrische Eier
80 g Puderzucker
1 Prise Zimt
500 g Erdbeeren
4 Stiele Minze

FRISCHE-CHECK:
Rhabarber

1 ▸**Rhabarber** waschen, schälen und in Stücke schneiden. Zitronensaft, Zucker und 300 ml Wasser aufkochen. Rhabarber 10 Minuten im Zitronenwasser weich dünsten. Die Kochflüssigkeit abgießen und den Rhabarber abkühlen lassen.

2 Eier trennen. Eigelb mit Puderzucker und Zimt schaumig schlagen. Rhabarber im Mixer pürieren und mit der Eimasse verrühren. Eiweiß steif schlagen und unterheben, den Schaum kalt stellen.

3 Erdbeeren abspülen, putzen und in Scheiben schneiden. Den Rhabarberschaum auf gekühlte Teller verteilen und mit Erdbeeren und frischer Minze anrichten.

extra fettarm

PRO PORTION:
220 kcal
4 g Fett
30 Minuten — schnell, günstig, superfit, einfach

Baked Ananas mit MINZE

extra fettarm

1 Ananas auf Reifegrad prüfen: Lassen sich einige Innenblätter leicht herausziehen, ist sie reif. Schälen, längs vierteln, Strunk entfernen und Viertel in Scheiben schneiden. Minze waschen, trocken schütteln und Blättchen zu zwei Dritteln in feine Streifen schneiden.

2 Ananasscheiben in der Butter portionsweise von jeder Seite goldgelb braten. Minzestreifen zugeben und kurz mit erhitzen. Ananasscheiben auf einem vorgewärmten Servierteller anrichten, mit Ahornsirup beträufeln und mit den restlichen Minzeblättchen garnieren. Noch warm servieren.

ZUTATEN

FÜR 6–8 PERSONEN

- 2 reife Ananas
- 1 Bund frische Minze
- 50 g Butter
- 160 ml Ahornsirup

FRISCHE-CHECK: Ananas

Special Tipp

Minze

Getrocknet ist die Minze geschmacksintensiver, aber frisch entfaltet sie ihr feines, erfrischendes Aroma besser. Am häufigsten wird in der Küche die Grüne Minze verarbeitet; die herkömmliche Pfefferminze ist eher Würze. Minze passt auch gut in den Obstsalat.

Minze ist nicht gleich Minze, doch für die Küche eignen sich alle gut.

PRO PORTION:
210 kcal
6 g Fett
20 Minuten — schnell, günstig, superfit, einfach

Essen mit dem Löffel

Pistazien-Jogurt-Flan mit ZITRUSFRÜCHTEN

ZUTATEN

FÜR 8 PERSONEN

8 Blatt weiße Gelatine
150 g ungesalzene Pistazienkerne
800 g fettarmer Jogurt
200 g stichfeste saure Sahne
6 EL Orangenblütenhonig
Saft und Schale von 1 Limette
3 Orangen
4 Mandarinen
150 g Kumquats
4 Stiele Zitronenmelisse

FRISCHE-CHECK:
Kumquats

1 Gelatine in kaltem Wasser einweichen. Pistazien fein hacken. Jogurt, saure Sahne, 4 EL Honig, Limettensaft und -schale verrühren. Gelatine auflösen und unter die Jogurtcreme ziehen. Pistazien unterheben. Creme mit einem Löffel in 8 Förmchen oder Tassen füllen und 3 Stunden kalt stellen.

2 Orangen und Mandarinen dick schälen und die weiße Haut dabei entfernen. Orangen filetieren und den Saft dabei auffangen. Mandarinen in dicke Scheiben schneiden. Kumquats waschen und in Scheiben schneiden. Zitronenmelisse waschen, trocken tupfen und in feine Streifen schneiden. Früchte mit restlichem Honig, Orangensaft und Zitronenmelisse vermengen und 30 Minuten ziehen lassen.

3 Förmchen mit dem Pistazienflan kurz in heißes Wasser halten und auf einzelne Dessertteller stürzen. Mit den Früchten servieren.

extra fettarm

PRO PORTION:
250 kcal
10 g Fett
4 Stunden — schnell, günstig, **superfit**, einfach

TIRAMISÙ mit Orangen und Bananen

ZUTATEN

FÜR 6–8 PORTIONEN

2 Bananen
4 Orangen
4 EL Honig
500 g Magerquark
125 g Mascarpone
200 ml kalter Espresso
2 EL Amaretto
150 g Löffelbiskuits
5 EL Kokosraspel
2 TL Kakao

FRISCHE-CHECK:
Bananen

1 Bananen schälen und in Scheiben schneiden. Orangen dick schälen, dabei die weiße Haut entfernen. Orangen anschließend in Scheiben schneiden. Honig, Quark, 4 bis 5 EL Mineralwasser und Mascarpone cremig rühren. Espresso und Amaretto mischen, Biskuits damit beträufeln. Kokosraspel in einer Pfanne ohne Fett rösten. Herausnehmen.

2 Eine eckige Auflaufform mit getränkten Biskuits auslegen. Darauf die Hälfte der Früchte verteilen. Mit der Hälfte der Creme bestreichen und mit der Hälfte der Kokosraspel bestreuen. Die zweite Lage Biskuits darüber schichten. Nun die restlichen Früchte und die Mascarponecreme darüber schichten und mit den Kokosraspeln bestreuen. Abgedeckt mindestens 3 Stunden im Kühlschrank ziehen lassen. Erst direkt vor dem Servieren mit Kakao bestäuben.

extra fettarm

PRO PORTION:
360 kcal
13 g Fett
4 Stunden — schnell, günstig, superfit, einfach

Tipp: Kokosraspel

Frisch geraspelte Reste von der Kokosnuss lassen sich gut einfrieren. Sie würzen feiner als getrocknete Raspel, machen auch Gerichte saftiger und sind alternativ ein gesunder Snack.

Pfirsich mit Jogurt-PARFAIT

ZUTATEN

FÜR 6–8 PERSONEN

6 Eigelb, superfrisch
4 EL Honig
3 unbehandelte Limetten
1/2 Bund Zitronenmelisse
200 g fettarmer Jogurt
300 ml Sahne
8 Pfirsiche
250 g Himbeeren
40 g Puderzucker

FRISCHE-CHECK:
Eigelb

extra fettarm

1 Eigelb und 3 EL Honig schaumig rühren. Limetten waschen, Schale abreiben, Saft auspressen. Geriebene Schale und die Hälfte des Safts unter die Ei-Honig-Masse ziehen und im Wasserbad aufschlagen. Vorsicht: Das Eigelb darf nicht zu heiß werden, sonst gerinnt es. Die Schüssel aus dem Wasserbad nehmen, sobald die Masse andickt. Im Eiswasserbad kalt rühren und beiseite stellen.

2 Melisseblättchen abzupfen und abspülen. Mit dem Jogurt vermischen. Sahne steif schlagen. Sahne und Melissejogurt unter die Eiscreme heben. Eine Kastenform mit Küchenfolie auslegen, die Eiscreme einfüllen und 4 Stunden im Gefrierfach fest werden lassen.

3 Pfirsiche halbieren und entsteinen. Restlichen Limettensaft und Honig aufkochen. Pfirsiche darin 5 Minuten ziehen lassen. Himbeeren verlesen, waschen und mit dem Puderzucker pürieren.

4 Das Parfait leicht antauen lassen. Mit einem Esslöffel Nockerln ausstechen und mit Pfirsichen und Himbeermark auf Dessertteller anrichten.

PRO PORTION:
170 kcal
8 g Fett
5 Stunden — schnell, günstig, superfit, einfach

Essen mit dem Löffel

big Parties

Nicht klein und fein, sondern **laut und fröhlich:** Riesenpartys liegen im Trend. Sie sind persönlicher als ein Abend in der Kneipe und bieten viel mehr Spielraum als ein gesetztes Essen bei engen Freunden. Viel Fun unter Gleichgesinnten ist angesagt.

Nun kommen sie richtig zur Geltung: Auf Flohmärkten wird man bei der Suche nach schrägen Gläsern aus den 60er Jahren fündig. Motto: je knalliger, desto besser.

Ob die Gäste zusammenpassen? Harmoniert sein Freundeskreis mit meinem? Wird Stimmung aufkommen? Fragen, die sich bei einer Riesenparty nie stellen.

Zum Wohl! Fruchtige Eiswürfel verleihen Drinks eine ganz besondere Note.

Rund ums Glas

Herkömmliche Büropartys genießen keinen tollen Ruf und das überrascht wenig. Wer sich den ganzen Abend an übersalzenen Kartoffelchips und schalem Wein festhält, verspürt schon mal den unbezwingbaren Drang, dem Chef ungefragt die Meinung zu sagen, die verheiratete Assistentin anzubaggern oder ein Kippenfeuer im Papierkorb zu entfachen. Mit fatalen Folgen für Karriere und Selbstwertgefühl. Dabei sind Büropartys äußerst kommunikativ und unterhaltsam, vorausgesetzt, der Rahmen stimmt. Soave und Prosecco als lauwarme Billigunterhalter sind out. Wein aus dem Supermarkt darf es zwar ruhig sein, doch mit leckerem Obst und etwas Lavendel wird daraus eine köstliche französische Sommerbowle. Mineralwasser und Apfelschorle für alle, die noch fahren müssen, sind schon bei Partybeginn wahre Rausschmeißer. Ein Orange-Grapefruit-Slush mit viel eisgekühltem grünen Tee lässt sich prima vorbereiten, ein Driver's Mojito sorgt für den exotischen Kick. Denn der darf im Gegensatz zu Kartoffelchips auf keiner Party fehlen. Als Unterlage: zwei oder drei Fingerfood-Variationen. Auch für Tanzmöglichkeiten sollte gesorgt werden. Wo? Überall – nur nicht in Räumen, die mit Stühlen, Bänken und Tischen voll gestellt sind. ▶**Stehtische** bringen Abhilfe.

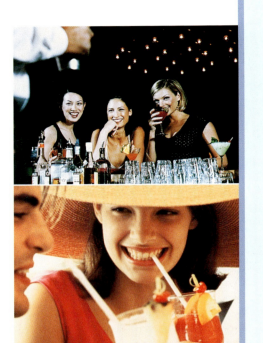

Keep it simple! ist das Erfolgsrezept für eine Riesenparty. Wer bei 150 Gästen noch den kulinarischen Überblick bewahren will, hat wenig Spaß am Abend. Nicht das ausgetüftelte Buffet und die lange Getränkekarte sind Erfolgsgaranten, sondern der gekonnte Mix: **Die Gäste haben Spaß an der Stimmung.** Bei vielen Gästen empfiehlt sich ein Eisbrecher, ob nun klassischer Caipirinha im zweckentfremdeten Sektkübel oder ein neuer Campari-Cocktail. So kommt man ins Gespräch – und das ist bei einer Riesenparty das Allerwich-

Das Wunderbare an Riesenpartys – unter vielen Leuten finden sich immer Gleichgesinnte.

Eine **Cocktailparty** macht ein bisschen Arbeit – zugegeben. Vier bis fünf Cocktails, darunter ein Klassiker und ein nichtalkoholischer Rausschmeißer, sollten im Angebot sein. Küchenmaschine und Ice-Crusher helfen, sind aber kein Muss. Nur der Shaker und die passenden Gläser sind unverzichtbar. Das Tolle an einer Cocktailparty: Die Gäste wissen die Mühe zu schätzen. **Einmal ungehemmt aus einer feinen Cocktailkarte auswählen dürfen, wem gefiele das nicht?** Dazu gibt es ein bisschen Cool Jazz und eine Fingerfood-Unterlage. Tipp: Nach drei Cocktails pro Person sollte Schluss sein; auch spielen sich die klassischen Cocktailpartys in der Blue Hour zwischen 18 und 20 Uhr ab. Wer nicht Barkeeper und Gastgeber gleichzeitig spielen möchte, mietet den Keeper ganz einfach an. Vorteil: Er oder sie hat das Profi-Handwerkszeug mit im Gepäck und behält auch bei vielen Gästen das Lächeln und die Nerven.

tigste. Im Anschluss mal eine Sangría probieren.
Knallende Korken: Nichts signalisiert das Ende eines Arbeitstags und den Beginn eines tollen Abends perfekter! Wer nicht auf die Kosten achten muss, bietet Crémant oder Jahrgangssekt an. Ganz edel dazu: eine Batterie gleicher Gläser. Die dürfen dann auch ruhig billig sein. Einige unaufdringliche Gesprächszonen (Küche!) schaffen und mit Aschenbechern, kleinen Servietten und Schälchen mit japanischem Reisgebäck bestücken. Die Party ist vorbei, sobald der letzte Korken geknallt hat.

▶ **LINKS**

Stehtische bieten jeweils acht Gästen eine angenehme Kommunikationsfläche. Beim Lieferanten auszuleihen, der auch für die Getränke sorgt – in den Gelben Seiten oder im Internet (Stichwort: Catering).

Rund ums Glas

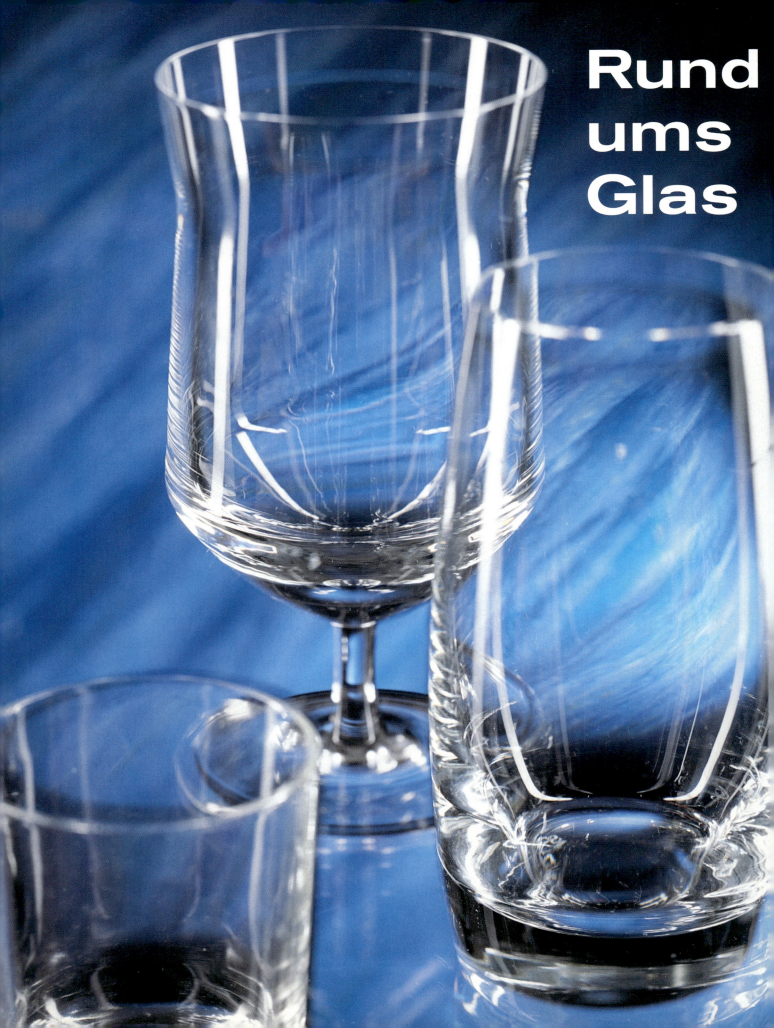
Rund ums Glas

Erdbeereis-MARGARITA

ZUTATEN

FÜR 1 GLAS

50 g frische Erdbeeren

1/2 Limette

2 Kugeln Erdbeer-Jogurt-Eis

4 Eiswürfel

4 cl Tequila

FRISCHE-CHECK:
Erdbeeren

1 Erdbeeren putzen, waschen und klein schneiden. Limette auspressen.

2 Limettensaft, Erdbeeren, Erdbeer-Jogurt-Eis, Eiswürfel und Tequila in den Mixer geben und fein pürieren.

3 Margarita in einem hohen Glas servieren. Mit Erdbeer- und Limettenscheiben dekorieren.

PRO GLAS:
170 kcal
2 g Fett
10 Minuten — schnell · günstig · superfit · einfach

JUICY Dream

1 Fruchtfleisch von Mango und Melone würfeln.

2 Fruchtwürfel mit Apfelsaft, Acerolasaft und Rum im Mixer pürieren.

3 In ein hohes Glas mit Eiswürfeln füllen.

4 Den Grenadinensirup am Glasrand vorsichtig in die Flüssigkeit laufen lassen und den Drink nach Belieben dekorieren.

ZUTATEN

FÜR 1 GLAS

1/2 Mango

1 Stück Honigmelone

100 ml Apfelsaft

50 ml Acerolasaft

2 cl weißer Rum

1 TL Grenadinensirup

FRISCHE-CHECK:
Honigmelone

PRO GLAS:
260 kcal
1 g Fett
10 Minuten — schnell · günstig · superfit · einfach

Special Tipp: Tumbler, Flöte, Highball & Co.

Die kleine Gläserkunde unterscheidet zwischen Becherglas (Tumbler), Flöte oder Schale, Longdrink-Glas (auch als Highball-Glas bekannt) und Cocktailglas. Der Tumbler ist ein Allzweckglas: Fast alle Mixgetränke können darin serviert werden. Flöte und Schale sehen nicht nur eleganter aus. Das feine Aroma von Sekt und Champagner wird durch die Glasform hervorgehoben. Das hohe Highball-Glas ist das größte unter den Bargläsern und passt besonders gut zu Getränken, die viel Eis vertragen. Das klassische Cocktailglas hat einen langen Stiel und eignet sich für Getränke mit wenig Früchten oder Eis.

Mini-Budget? Nur in eine klassische Glasform investieren.

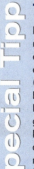

Special Tipp

Bowlen sind im Kommen

Bieder sind sie längst nicht mehr, die neuen Spielarten der Bowle. Beispielsweise eine Birnenbowle mit Cidre: Cidre und Riesling sind der Grundstock, Birnen und Trauben die fruchtige Verführung, und Apfelsaft, der mit Zitronensaft, einer Zimtstange, ein paar Nelken und etwas Zucker eingekocht wird, gibt den aromatischen Kick. Wenn weiße Pfirsiche Saison haben: mit Orangen, Pfirsichlikör und Weißwein ansetzen und mit trockenem Sekt aufgießen.

ROSEN-Bowle

ZUTATEN

FÜR 6–8 PERSONEN

4 ungespritzte, möglichst duftende Rosen (am besten rote)

250 g Himbeeren

2 El Zucker

1 TL Rosenwasser (aus der Apotheke)

1 Flasche Weißwein (z. B. Riesling aus dem Elsass)

2 Flaschen trockener Jahrgangssekt oder Champagner

FRISCHE-CHECK:
Himbeeren

1 Rosenblütenblätter abzupfen und mit kaltem Wasser leicht abbrausen. Vorsichtig trocken tupfen. Einige Blütenblätter beiseite legen. Himbeeren verlesen und waschen.

2 Zucker, Rosenwasser und Wein mischen. Mit Rosenblättern in eine Schale füllen und 3 Stunden im Kühlschrank ziehen lassen. Öfter umrühren.

3 Vor dem Servieren Bowle durch ein Sieb in ein Bowlegefäß gießen. Restliche Rosenblätter und Himbeeren zufügen. Mit gut gekühltem Sekt oder Champagner auffüllen.

PRO GLAS:				
240 kcal				
1 g Fett				
3 Stunden	schnell	günstig	superfit	einfach

SANGRÍA

1 ▶**Zitrusfrüchte** und Äpfel heiß abspülen, trocken reiben und in Scheiben schneiden.

2 Zucker und Mandelsirup mit den vorbereiteten Früchten mischen und in ein Bowlegefäß füllen.

3 Brandy und gut gekühlten Rotwein angießen. Im Kühlschrank 1 Stunde durchziehen lassen.

4 Vor dem Servieren mit gut gekühltem Mineralwasser auffüllen.

PRO GLAS:
210 kcal
1 g Fett
1,5 Stunden | schnell | günstig | **superfit** | einfach

ZUTATEN

FÜR 6–8 PERSONEN

2 unbehandelte Orangen

2 unbehandelte Zitronen

2–3 säuerliche Äpfel (z. B. Cox Orange)

2 EL brauner Zucker

1 EL Mandelsirup

6 cl spanischer Brandy

2 Flaschen spanischer Rotwein (z. B. Rioja)

1 Flasche Mineralwasser

FRISCHE-CHECK:
Orangen

▶**LINKS**

Zitrusfrüchte sollten bei Drinks nur als ungespritzte Frucht Verwendung finden. Grund: Der Großteil der Aromastoffe und Vitamine sitzt in der Außenschale, der so genannten Flavedo.

Rund ums Glas

Sommerbowle mit CRÉMANT

ZUTATEN

FÜR 6–8 PERSONEN

2 Nektarinen
4 Aprikosen
250 g Himbeeren
Saft und Schale von einer unbehandelten Zitrone
1 TL frische Lavendelblüten
3 EL Orangenlikör
2 Flaschen gut gekühlter trockener Weißwein (z. B. Pinot Grigio)
1 Flasche Crémant

FRISCHE-CHECK:
Aprikosen

1 Nektarinen und Aprikosen mit heißem Wasser überbrühen und häuten. Früchte halbieren, entkernen und in Spalten schneiden. Himbeeren verlesen und waschen.

2 Vorbereitete Früchte, Zitronensaft, spiralförmig abgezogene Schale und Lavendelblüten in ein Bowlegefäß geben. Mit Orangenlikör und 1 Flasche Wein aufgießen.

3 Bowle im Kühlschrank 1 Stunde ziehen lassen.

4 Vor dem Servieren mit restlichem Weißwein und Crémant aufgießen.

PRO GLAS:
260 kcal
1 g Fett
1,5 Stunden   schnell   günstig   superfit   einfach

TROPICAL-Heat-Bowle

1 Ananas, Papaya, Mango und Karambolen waschen und trocken reiben. Ananas, Mango und Papaya schälen und in Stücke schneiden. Karambolen in Scheiben schneiden. Früchte in eine Schüssel geben und mit Zucker bestreuen.

2 Rum über die Früchte gießen und 30 Minuten ziehen lassen, dann gut gekühlten Orangensaft und Weißwein zugeben. Die Bowle etwa 1 Stunde kalt stellen.

3 Kurz vor dem Servieren mit gekühltem Sekt auffüllen. In eine Schüssel mit Eiswürfeln stellen; auf diese Weise verwässert die Bowle nicht.

ZUTATEN

FÜR 6–8 PERSONEN

1 Ananas
1 Papaya
1 Mango
2 Karambolen
10 TL brauner Zucker
200 ml weißer Rum
1 Flasche Orangensaft
1 Flasche Weißwein (z. B. Riesling)
2 Flaschen trockener Sekt

FRISCHE-CHECK:
Ananas

ERDBEER-Bowle

1 Ingwer schälen und sehr fein hacken. Zitronenmelisse in Streifen schneiden. Erdbeeren putzen und je nach Bedarf halbieren oder vierteln.

2 Vorbereitete Zutaten in ein Bowlegefäß geben und mit Orangenlikör beträufeln. 1 Flasche Weißwein angießen und im Kühlschrank 1 Stunde gut durchziehen lassen.

3 Vor dem Servieren die Bowle mit restlichem gut gekühltem Weißwein und Sekt auffüllen.

ZUTATEN

FÜR 6–8 PERSONEN

2 cm Ingwerwurzel
einige Blättchen Zitronenmelisse
750 g Erdbeeren
6 EL Orangenlikör
2 Flaschen trockener Weißwein
1 Flasche trockener Sekt

FRISCHE-CHECK:
Erdbeeren

!Special Tipp — Mini-Walderdbeeren

Die winzigen französischen Walderdbeeren *fraises des bois* gibt es saisonal auch auf deutschen Märkten. Hinter der wenig beeindruckenden Optik versteckt sich eine wahre Aromaexplosion. Eine Hand voll Beeren ersetzt die Ingwerwurzel und gibt der Bowle einen feinsüßen Geschmack.

Rund ums Glas

►LINKS

Kokosmilch ist für viele Drinks unentbehrlich. Puristen machen sie selbst: Kokosnussaugen mit einem Nagel ausstechen, Wasser auslaufen lassen, im Ofen 20 Minuten bei leichter Hitze backen. Mit einem Hammer beherzt die Schale abschlagen, das Fruchtfleisch reiben, in etwas Wasser zwei Stunden einweichen, abtropfen lassen und ausdrücken.

COOL Colada

ZUTATEN

FÜR 1 GLAS

2 Blutorangen
8 cl Ananassaft
3 cl Wodka
3 cl Mandelsirup
3 cl Kokosmilch
Crushed Ice

FRISCHE-CHECK:
Orangen

1 Orangen auspressen.

2 Fruchtsäfte, Wodka, Sirup und ►Kokosmilch mit Crushed Ice in einem Shaker 30 Sekunden kräftig schütteln.

3 Ein hohes Glas mit Eiswürfeln füllen und mit Shake aufgießen.

PRO GLAS:
270 kcal
1 g Fett
5 Minuten — schnell — günstig — superfit — einfach

Orange-GRAPEFRUIT-Slush

 alkoholfrei

1 Grünen Tee mit 150 ml kochendem Wasser aufgießen. Ziehen lassen, abgießen und mit Lemon Squash mischen. In einen Eiswürfelbehälter gießen und über Nacht gefrieren lassen.

2 Mit einem Sparschäler von der Orange eine lange Spirale abschneiden. Orange und Grapefruit halbieren und Saft auspressen.

3 Teewürfel und Säfte im Mixer pürieren.

4 In einem hohen Glas mit Zuckerrand servieren.

ZUTATEN

FÜR 1 GLAS

1–2 El grüne Teeblätter
2 cl Lemon Squash
1 ungespritzte Orange
1 Grapefruit

FRISCHE-CHECK:
Grapefruit

PRO GLAS:
180 kcal
1 g Fett
15 Minuten — schnell — günstig — superfit — einfach

Driver's MOJITO

ZUTATEN

FÜR 1 GLAS

2–3 Zweige Minze
5 cl Ginger Ale
2 unbehandelte Limetten
2 cl Lemon Squash
1 TL brauner Zucker
Crushed Ice
Mineralwasser

FRISCHE-CHECK:
Minze

1 Einige Minzeblätter und Ginger Ale in ein Glas geben. Blätter mit einem Stößel leicht zerdrücken. Eine Limette gut abwaschen, trocken reiben und achteln. Die andere halbieren und auspressen.

2 Limettenstücke und -saft, Lemon Squash und Zucker in ein Glas geben. Alles gut verrühren. Mojito mit Eis und Mineralwasser auffüllen und mit 1 bis 2 Minzestielen dekorieren.

alkoholfrei

PRO GLAS:
60 kcal
1 g Fett
15 Minuten — schnell — günstig — superfit — einfach

CAIPIRINHA

1 Limette mit heißem Wasser abspülen, trocken reiben, in Stücke schneiden und in ein niedriges, breites Glas füllen.

2 Zucker zugeben und Limettenstücke mit einem Holzstößel zerdrücken.

3 Glas bis zum Rand mit Crushed Ice auffüllen, Cachaça angießen, gut umrühren und gleich eiskalt servieren.

PRO GLAS:
200 kcal
1 g Fett
10 Minuten   schnell   günstig   superfit   einfach

ZUTATEN

FÜR 1 GLAS

1 unbehandelte Limette
1–2 EL brauner Zucker
2–3 EL Crushed Ice
5 cl Cachaça (Zuckerrohrbranntwein; ersatzweise weißer Rum)

FRISCHE-CHECK:
Limetten

Special Tipp: Zuckerrohrbranntwein

Im Gegensatz zu Rum wird Zuckerrohrbranntwein aus dem Destillat von frischem grünem Zuckerrohr gewonnen. Er bildet die Grundlage für den Szenedrink Caipirinha. Aber auch die klassischen brasilianischen Batidas aus Zucker, Fruchtsaft und Früchten lassen sich damit mixen. Viel Eis gehört dazu!

Rund ums Glas

Caribbean DELIGHT

ZUTATEN

FÜR 1 GLAS

1 unbehandelte Limette
1–2 EL Limettensirup
4 cl Cachaça (Zuckerrohrbranntwein; ersatzweise Wodka)
3–4 EL Crushed Ice
100 ml Ananassaft
100 ml Maracujasaft

FRISCHE-CHECK: Limette

1 Limette mit heißem Wasser abspülen, klein schneiden und in ein hohes Glas geben. 1 EL Limettensirup unterziehen. Cachaça angießen und verrühren. Crushed Ice zugeben.

2 Ananas- und Maracujasaft vermischen. Das Glas damit auffüllen.

PRO GLAS:
240 kcal
1 g Fett
10 Minuten — **schnell** — günstig — superfit — einfach

Vorne: Caribbean Delight. Im Hintergrund: Kokosnuss-Bananen-Shake.

HIMBEER-Shake

1 Himbeeren verlesen, abspülen, abtropfen lassen. ▶Papaya entkernen, würfeln.

2 Die Früchte mit Batida, Sirup und Saft pürieren.

3 In ein großes Glas geben und mit gut gekühltem Mineralwasser auffüllen. Fruchtig dekorieren.

ZUTATEN

FÜR 1 GLAS

100 g frische Himbeeren
1/2 Papaya
2 cl Batida de Coco
2 cl Himbeersirup
100 ml Bananensaft
gut gekühltes Mineralwasser

FRISCHE-CHECK:
Himbeeren

> **LINKS**
>
> **Papayas** sind nicht nur köstlich, sondern supervitaminhaltig. Ihre entgiftende Wirkung ist nachgewiesen; außerdem enthalten die „Baummelonen" viel Kalzium. Beim Kauf einer vollreifen Frucht darauf achten, dass die gelb-grüne bis goldfarbene Schale leicht nachgibt.

PRO GLAS:
160 kcal
1 g Fett
10 Minuten

Special Tipp: Kokosnuss-Shake

Brauner Rum, Zitronensaft, viel Kokos- und Kuhmilch, alles eisgekühlt, in der Küchenmaschine zu einem Shake blitzen, Banane fein hacken und unterziehen. Ersetzt an heißen Sommerabenden die Vorspeise. Weniger gehaltvoll: mit viel gecrushtem Eis aufgießen.

CUBA LIBRE

ZUTATEN

FÜR 1 GLAS

1 unbehandelte Limette
5 cl weißer Rum
Eiswürfel
100–200 ml Coca-Cola

FRISCHE-CHECK:
Limette

1 Limette heiß abspülen und mit Schale in Stücke schneiden.

2 Limettenstücke und Rum in ein hohes Glas geben und mit einem Holzstößel etwas zerdrücken, damit das Aroma freigesetzt wird.

3 Eiswürfel zugeben und mit Coca-Cola auffüllen.

PRO GLAS:
190 kcal
2 g Fett
5 Minuten

Ananas-MINZ-CRUSH

alkoholfrei

1 Pfefferminzblättchen von den Stielen zupfen, in ein gut gekühltes Glas geben und mit einem Holzstößel zerdrücken.

2 Orange halbieren, auspressen und Saft mit Crushed Ice in das Glas geben.

3 Mit Ananassaft und Bitter Lemon auffüllen und gleich servieren.

ZUTATEN

FÜR 1 GLAS

2 Stiele frische Pfefferminze
1 unbehandelte Orange
3 EL Crushed Ice
50 ml Ananassaft
100 ml Bitter Lemon

FRISCHE-CHECK:
Minze

PRO GLAS:
130 kcal
1 g Fett
10 Minuten

Rund ums Glas

CAMPARI-Trauben-Drink

ZUTATEN

FÜR 1 GLAS

5 rote Trauben
200 ml roter Traubensaft
2 cl Campari
Eiswürfel
2 Stiele Zitronenmelisse

FRISCHE-CHECK:
Zitronenmelisse

1 Trauben halbieren und entkernen.

2 Traubensaft, Campari und Eiswürfel in einem Shaker gut schütteln und in ein mit Eiswürfeln gefülltes hohes Glas abseihen.

3 Zitronenmelisseblättchen von den Stielen zupfen und als Dekoration verwenden.

PRO GLAS:
70 kcal — schnell
1 g Fett — günstig
10 Minuten — superfit — einfach

Special Tipp

Campari Bitter

Bis heute geheimnisumwittert ist die Zusammenstellung des Campari, eines tiefroten Branntweins, der seit 1867 aus diversen Kräutern, Zitrusfruchtschalen (und Schildlauspanzer für die Farbe!) hergestellt wird. Eine prima Zutat zum Longdrink.

Klassiker: Campari mit Orange.

GRAPEFRUIT-Wodka-Cocktail

1 Grapefruit halbieren und auspressen. Limette heiß abspülen, halbieren. Eine Hälfte in Scheiben schneiden, die andere auspressen.

2 Grapefruit- und Limettensaft mit ▶Grenadinensirup und Wodka im Shaker gut schütteln.

3 Eiswürfel in hohe Gläser verteilen und Cocktail darüber gießen.

PRO GLAS:
180 kcal
1 g Fett
10 Minuten   schnell   günstig   superfit   einfach

ZUTATEN

FÜR 1 GLAS

1 rosafleischige Grapefruit
1 unbehandelte Limette
1 EL Grenadinensirup
2 cl Wodka
Eiswürfel

FRISCHE-CHECK:
Grapefruit

▶LINKS

Grenadinensirup wird aus Fruchtsaft unter Zusatz von Wasser und Zucker eingekocht. Der Sirup aromatisiert und belebt dank praller Farbe und Geschmack nicht nur Desserts, sondern auch Cocktails wie den Tequila Sunrise, dessen Farbe an einen Sonnenaufgang erinnern soll.

Rund ums Glas

Special Tipp

Häppchen am Spieß

Klar: Das Auge trinkt mit. Denn Cocktails schmecken noch besser, wenn sie hübsch dekoriert sind. Feine Kräuter wie Zitronenmelisse und Minze passen gut, denn sie welken wenig. Farbtupfer liefern Karambolen, Erdbeeren und Weintrauben. Wichtig: immer für einen „Henkel" sorgen, mit dem sich die Deko aus dem Glas heben lässt.

Jamaican Fruit-PUNCH

ZUTATEN

FÜR 1 GLAS

1 kleine Banane
5–6 Erdbeeren
1 Stück Honigmelone
Saft von 1 Limette
1 El brauner Zucker
2 cl weißer Rum
3 EL Crushed Ice
einige Minzeblättchen

FRISCHE-CHECK:
Erdbeeren

1 Banane schälen und klein schneiden. Erdbeeren waschen und trocken reiben. Honigmelone klein schneiden.

2 Obst mit Limettensaft, Zucker, Rum und Crushed Ice im Mixer pürieren.

3 In ein hohes Glas füllen. Mit Minzeblättchen oder Früchten nach Belieben dekorieren.

PRO GLAS:
190 kcal
1 g Fett
10 Minuten — schnell — günstig — superfit — einfach

PINK Grape

1 Grapefruit, Orange und Zitrone halbieren und auspressen.

2 Zuerst das ▶Eigelb, dann Säfte und Grenadinensirup in einen Shaker geben und mit Crushed Ice 30 Sekunden lang kräftig schütteln.

3 Drink durch ein Barsieb in ein Glas abseihen, nach Wunsch dekorieren und gleich servieren.

ZUTATEN

FÜR 1 GLAS

1 Grapefruit
1 Orange
1 Zitrone
1 extrafrisches Eigelb
6 cl roter Traubensaft
2 cl Grenadinensirup
Crushed Ice

FRISCHE-CHECK:
Eigelb

▶LINKS

Eigelb kann Cocktails den gewissen Kick geben. Aber Achtung: Die verwendeten rohen Eier müssen ganz frisch sein. Eier am besten vorher abspülen; damit rückt man den Salmonellen auf der Schale zu Leibe. Das Eiweiß nicht wegwerfen: Es lässt sich gut einfrieren.

KOKOS-Cocktail

ZUTATEN

FÜR 1 GLAS

1 EL Kokosmilch
200 ml gut gekühlte fettarme Milch
2 cl weißer Rum
frisch gemahlene Muskatnuss
Eiswürfel

FRISCHE-CHECK:
Milch

1 Kokosmilch, Milch, Rum, 1 Prise Muskatnuss und Eiswürfel in einen Shaker geben und kräftig schütteln.

2 Eiswürfel in ein gut gekühltes Glas füllen und mit dem Kokoscocktail aufgießen. Mit Muskathaube abschließen und gleich servieren.

HOT-PEPPER-Drink

1 Paprika putzen, waschen und in Streifen schneiden. Mit Tomatensaft und Tequila im Mixer fein pürieren.

2 Schnittlauchstiele in sehr feine Röllchen schneiden.

3 Mit Salz, Pfeffer und Tabasco feurig abschmecken. Longdrink-Glas mit Eiswürfeln auffüllen, Drink angießen und mit Schnittlauchröllchen garniert servieren.

ZUTATEN

FÜR 1 GLAS

1/2 gelbe Paprikaschote
100 ml Tomatensaft
2 cl Tequila
3 Stiele Schnittlauch
Jodsalz
Pfeffer
3 Spritzer Tabasco
Eiswürfel

FRISCHE-CHECK:
Paprika

Appetitlich mit farblich abgestimmten Accessoires oder edel mit feinen Blüten und Damastservietten.

Geschickt dekoriert wird mit unterschiedlichsten Elementen. Soll die Stimmung intim, gemütlich oder anregend sein? Das lässt sich mit Kerzen oder indirektem Licht erreichen. Gibt es ein Partymotto? Wenn's scharf werden soll: Chilis auffädeln und als Girlande dekorieren. Oder lieber edel? Teelichte aus den Aluhüllen lösen und bei 60 °C im Ofen in gesäuberten Austernhälften schmelzen. Oder bunt? Einfach die Partyräume in einer oder vielen Farben durchgängig dekorieren. Dabei helfen Papierservietten, Blumen, selbst mit Floristikfarben aufgepepptes Blumenwasser.

Das gibt's doch gar nicht! Kreativ in der Mode und im Job und dennoch nicht wagemutig? **Dabei gibt es kein Richtig oder Falsch bei der Dekoration.** Denn die richtet sich nach Praktikabilität, Geldbeutel und Anlass – genauso wie die Einladung, die als T-Shirt, Flaschenpost oder Fotomotiv vom leer gefutterten Buffet der letzten erfolgreichen Party daherkommen darf.

Tipps of

Luftschlangen, Blütenblätter, Schleifen, Nudeln in verschiedenen Farben eignen sich als Deko.

▶ **LINKS**

Exklusive Einladungen, Dekorationen, Überraschungskünstler, Rundumbetreuung: Das können die beste Freundin oder am besten Profis. Im Internet wird man fündig, etwa bei media-association.com

Tisch und -tuch dürfen geschmückt werden. Ob aufwändig oder schlicht – davon hängt der Preis einer Dekoration weniger ab als vom Einfallsreichtum des Gastgebers. Ein einfaches weißes Tischtuch, bestreut mit Gummibärchen, ausgefallenen Pastaformen, die es vom Fußball bis zum Weihnachtsmann gibt (und die sich als Dekoration tatsächlich besser eignen als zum Kochen), oder Blüten … das bietet ersten Gesprächsstoff und kann einladender wirken als prächtige Blumensträuße. Die syrisch-libanesischen Restaurants haben's uns vorgemacht. Sie bestreuen die Tischtücher mit einer Mischung aus Sesamsaat, Linsen und winzigen Rosenblüten. Wer sich die Dekoration nicht selbst zutraut: Auch für diesen Fall gibt es Profis. ▶**Exklusive** Partybetreuung aus einer Hand für die Fälle, in denen ein außergewöhnliches Ereignis gebührend gefeiert wird.

Große Tische lassen sich mit Plastikplanen vom Meter (im Baumarkt erhältlich) abdecken, alternativ mit weißen Betttüchern, die allerdings perfekt gebügelt sein sollten. Faltkanten werden unter Efeugirlanden versteckt. Witziger: die Tische mit verschiedenfarbigen Geschenkbänderresten, die ganz einfach zusammengeknotet werden, dekorieren.

Links: Auch nach der Party top – diese Einladung ist tragbar. Daneben: klassische Weihnachtsdeko.

Einladungen sollen nicht nur die Vorfreude wecken, sondern informativ sein. Was wird gefeiert? Was kann man mitbringen? Wo genau wird gefeiert? Was zieht man an? Denn auch wenn es Stil-Gurus behaupten: Keine Frau findet es cool, overdressed im Abendkleid zwischen Streetwear-Trägern zu feiern. Werden viele Freunde eingeladen, empfiehlt sich die Bitte um Rückmeldung – entweder mit „u.A.w.g." oder dem internationalen „RSVP".

Hier ist alles aus einem Guss. Das eignet sich für edle Anlässe, das kleine Schwarze und eine ausgeklügelte Tischordnung.

Deko-/Einladungs-Tipps

1
Abwechslung ist die Würze des Lebens. Zum Beispiel mit Sashimi als Vorspeise, Lamm-Chops als Hauptgericht und Baked Ananas zum Abschluss. Da hat der Gaumen viel zu tun, denn es gilt nicht nur unterschiedlichste Geschmacksrichtungen aus der ganzen Welt zu erkunden, sondern auch die ganze Bandbreite von knusprig bis zart, von pikant bis fruchtig.
Von allem etwas ist die Faustregel, die bei großen Festen und kleinen Dinner-Partys funktioniert. Nicht jeder mag Fisch, nicht jeder isst heute noch so gerne Fleisch, nicht jeder knabbert am liebsten an rohem Gemüse. Doch die kluge Kombi bringt's: Ein paar frisch zubereitete Sushi, ein Zitronen-Hähnchen und gegrillter Ziegenkäse mit Tomaten passen auf ein Garten- oder Küchenbuffet; Artischocken mit Avocadofüllung, Kalbsroulade mit Pflaumenfüllung und Grießflammeri mit flambierten Feigen zu einer gesetzten Runde. **Von scharf zu süß** weckt die Sinne. Nun kommen Chilis und Schokolade ins Spiel. Eine pikante Jambalaya aus dem amerikanischen Süden, gefolgt von einer Biskuittorte, die mit feiner weißer Kuvertüre zubereitet wird (und dank unserer FIT FOR FUN-Norm natürlich besonders fettarm ist). Ein Hot-Pepper-Drink mit frischer gelber Paprikaschote und ein paar Spritzern Tabasco sorgt für den richtigen Auftakt. **Vorspeisen satt:** dazu Gerichte auswählen, die heiß und lauwarm schmecken.

menü-

2
Gleich und Gleich gesellt sich gern. In Frankreich gibt es anerkannte Restaurants, die sich ausschließlich auf Süßes spezialisiert haben und die ganze Bandbreite der Küche fein gewürzt ausschließlich mit klassischen Zutaten der Dessertküche bestreiten.
Weniger gewöhnungsbedürftig: ein Abend rund um den Lachs. Als Auftakt Mini-Crêpes mit Lachsfüllung, gefolgt von einer Lachsforelle in der Salzkruste mit Ofengemüse und einer Pfirsichtarte mit Sorbet, die sich farblich am Motto des Abends orientiert. Dazu: lachsfarbene Tulpen und Servietten. **Farblich schräg** kommt dagegen die Muschelparty daher. Hier dreht sich alles um die Farbe Schwarz: schwarze Spaghettini mit Kaviar, gefolgt von Knoblauch-Muscheln und einer Johannisbeer-Biskuittorte mit viel pechschwarzem Mohn. **Rot und sinnlich** der Valentine's Day: Paprikarahmsuppe, gegrilltes Seeteufelfilet mit Tomatensalsa, Erdbeeren mit Rhabarberschaum.

3 Party satt!
Es soll gefeiert werden, und das mit vielen Freunden und Bekannten. Damit ein feuchtfröhlicher Abend nicht auf der Polizeiwache oder im Straßengraben endet, gibt's für die ausgehungerten Gäste zum Begrüßungsdrink keine kaloriengetränkten Chips, sondern Fischbällchen auf Zitronengras oder Hackbällchen mit Karambole. **Eine gehaltvolle Unterlage sorgt für gute Stimmung.** Danach kann es ohne großen Aufwand weitergehen. Wenn viele Gäste erwartet werden, bringen die genug Abwechslung. Das Buffet darf sich deshalb auf einige wenige Gerichte konzentrieren. Die am besten halbieren; eine Hälfte wandert aufs Buffet, die andere wartet im Kühlschrank. Immer gut: etwas für Vegetarier. **Und: etwas Exotik.** Indonesische Laksa, spanische Kartoffeln vom Blech, elsässischer Zwiebelkuchen und Glasnudelsalat mit Mango sind gute Grundelemente.

Vorschläge

Nicht: Wer passt zu wem? Sondern: Was passt zu wem? Eine kleine Anregung zur Menüplanung, **damit sich alle Beteiligten auf ihre Party freuen können** – Gäste, Geldbeutel und Gastgeber!

4 Der Preis ist heiß.
Den Großteil des Party-Budgets haben Sie bereits für die Getränke ausgegeben? Kein Problem! Tacos mit pikanter Füllung, Pizzies mit Lammhack, rote Linsen mit Käse-Crostini und Gemüselasagne sind nur einige Beispiele aus unserer klugen Rubrik „Günstig".
Zeit ist Mangelware? Auch das ist kein Problem. Bei der Auswahl der Rezepte wurde nicht nur auf die erprobte FIT FOR FUN-Norm geachtet, die mit wenig Fett auskommt und viel Geschmack liefert. Sondern auch auf das einfache Handling. In der Sparte „Vorzubereiten" sind die vielen Gerichte aufgelistet, die sich gut vorbereiten lassen und **nur einen minimalen kulinarischen Spieltrieb erfordern.** Chili-Lachs, Möhrensuppe mit Ingwer und Orange, asiatisches Mini-Omelette, Chinakohlsalat mit Chili-Schweinefilet, arabischer Bulgursalat und die klassische deutsche Gulaschsuppe gehören in beide Kategorien und sind überdies leckere Sattmacher, die gut zusammenpassen.

Ihre Checkliste für den Party-Countdown. Wir haben an alles gedacht. Sie haken nur noch ab, an was Sie denken möchten. Tipp: Liste einfach fotokopieren und an den Kühlschrank hängen.

ERLEDIGEN / *ERLEDIGT*

Vier Wochen vor der Party: Warum feiere ich? Wie groß feiere ich? Wen lade ich ein?

- ☐ Location bestimmen ☐
- ☐ Fotograf engagieren ☐
- ☐ Einladungen verschicken ☐

Zwei Wochen vor der Party:

- ☐ Leihmobiliar ☐
- ☐ Getränke planen und bestellen ☐
- ☐ Geschirr, Gläser, größere Deko-Teile ☐
- ☐ Musik ☐
- ☐ Auto für Großeinkauf organisieren ☐
- ☐ Grill und Grillkohle ☐
- ☐ Grobplanung des Essens ☐
- ☐ Nachhaken bei Einladungen ☐
- ☐ Sitzordnung ☐
- ☐ Hilft jemand? ☐

In der Woche vor der Party:

- ☐ Einkaufsliste für die Gerichte erstellen und besorgen ☐
- ☐ Korkenzieher, Öffner, Aschenbecher; Wasser in Eisbeutel füllen und einfrieren ☐
- ☐ Was ziehe ich an? ☐
- ☐ Garderobe für die Gäste organisieren ☐

Zwei Tage vor der Party:

- ☐ Checkliste für die Gerichte erstellen und mit den Vorbereitungen beginnen ☐
- ☐ Probe dekorieren, Wohnung umräumen, Filme besorgen, Digicam aufladen ☐
- ☐ Nachbarn informieren oder einladen ☐

Einen Tag vor der Party:

- ☐ Urlaub nehmen ☐
- ☐ Wohnung putzen, Rasen mähen (bei Gartenparty) ☐
- ☐ Mit der Zubereitung der Speisen beginnen ☐
- ☐ Kerzen, Streichhölzer, Küchenpapier, Servietten überprüfen ☐
- ☐ Fahrplan der Nachtbusse parat haben ☐

Am Tag der Party:

- ☐ Ausschlafen! ☐
- ☐ Restliche Gerichte zubereiten ☐
- ☐ Dekorieren ☐
- ☐ Ersatzstrümpfe besorgen ☐

Am Tag nach der Party:

- ☐ Wenn möglich, zum Sport gehen! ☐

countdown

Dinner-Party: Kennt man noch nicht alle Gäste gut, empfiehlt es sich nachzufragen, ob jemand ▶**Vegetarier** ist oder vielleicht eine Allergie gegen Eiweißprodukte hat. Bei der Tischordnung ruhig etwas mixen und schüchtern zwischen gesellig setzen. Kleine Raucherecken einplanen.

Aufwändige Party: Wenn ein besonderes Ereignis, etwa eine Hochzeit oder ein bestandenes Examen, gefeiert wird, empfiehlt es sich, ein paar Monate im Voraus nach einer passenden Location zu suchen. Falls diese nicht zentral gelegen ist, am besten einen Taxi- oder Shuttle-Service organisieren.
Die Gerichte dürfen gerne weniger aufwändig sein als die Party. Spieße und Häppchen formen – das nimmt schon bei fünfzig Gästen zu viel Zeit in Anspruch. Und da sich bei großen Festen selten die geplante Gästeanzahl einfindet, darf auch die Küche etwas großzügiger planen. Am besten: Salate satt.

Große Party: Um keine Anzeige wegen Ruhestörung zu riskieren, kann man die Party auch vorher bei der Polizei anmelden. Die Nachbarn aber in jedem Falle vorwarnen.
Küchenhelfer sind Kartoffeln, Essig und viel Humor! Selbst dem Profi geht schließlich mal etwas daneben. Dann ist nicht Hektik angesagt, sondern gute Nerven. Ist der Koch verliebt und hat zu kräftig gesalzen, hilft eine rohe Kartoffel. Geschält an die Suppe oder gewürfelt in die Sauce geben und etwas mitgaren lassen; das reguliert den Salzhaushalt. Essig gibt in kleinen Dosen pikante Würze und ersetzt verdünnt Zitronensaft.

▶**LINKS**
Vegetarier sind bei FIT FOR FUN bestens aufgehoben. Im Quick-Check haben wir für sie alle Gerichte gelistet. Von A wie asiatisches Mini-Omelette bis Z wie Zucchini-Carpaccio mit Walnüssen.

Günstig soll oder muss es sein? Kein Problem: Der Quick-Check hat auch darauf die Antwort parat. Wundern Sie sich ruhig: Selbst feiner Fisch, Torten und Exotisches aus Asien finden sich in dieser Liste.

Party-Planer

Der Schnellüberblick: **Kalorien, vegetarische oder günstige Küche** und ob es vorzubereiten ist.

quick

Schnellübersicht: Fun-Parties

	SEITE	KALORIEN	VEGETARISCH	VORZUBEREITEN	GÜNSTIG
Gemüse-Schiffchen mit Mandelreis	11	45	X	X	X
Tacos mit Gemüse-Mix	11	65	X	X	X
Hackbällchen mit Karambole	12	40		X	X
Fischbällchen am Zitronengras-Spieß	13	60			
Grüner Spargel in Serranoschinken	14	140			
Filet-Burger mit Avocadomus	15	170			X
Satéspieße mit Rind und Hähnchen	15	100		X	
Hot Mango-Chips	16	50			X
Scharfe Röllchen	16	80	X		X
Radicchio mit Ziegenkäse	17	60	X	X	X
Knoblauch-Muscheln	18	40			X
Garnelenspieße mit scharfem Dip	19	65		X	
Mini-Crêpes mit Lachs und Kresse	20	170		X	X
Pinienkern-Sandwiches	21	46		X	X
Arabische Pizzies mit Lammhack	21	450		X	X
Lemon-Cakes	22	215	X	X	X
Mini-Windbeutel mit Zitronenfüllung	22	105	X	X	X
Heidelbeer-Muffins mit Zimt	23	230	X	X	X

	SEITE	KALORIEN	VEGETARISCH	VORZUBEREITEN	GÜNSTIG
Tuna-Nigiri	29	59			
Lachs-Nigiri	29	54			X
Tuna-Maki mit Rauke und Limette	30	35			
Garnelen-Nigiri	31	55			
Lachs-Maki mit Erdnussbutter	31	34			X
Ura Maki Sushi: California Roll	32	115			
Nigiri-Sushi mit Omelette	33	132	X		X
Vegetarische Maki	33	33	X		X
Sashimi mit Gemüse	34	80			
Sweet California Roll	35	25	X		X
Schweinefilet im scharfen Sesammantel	36	190			
Riesengarnelen im Glasnudelmantel	37	100			
Süße Frühlingsrolle mit Orangen-Dip	38	150	X	X	X
Asiatisches Mini-Omelette	39	200	X		X

Schnellübersicht: Asia-Parties

Schnellübersicht: Classic Parties

	SEITE	KALORIEN	VEGETARISCH	VORZUBEREITEN	GÜNSTIG
Garnelen mit Brunnenkresse-Dip	45	110		X	
Artischocken mit Avocado-Füllung	45	190	X		
Glasnudelsalat mit Hähnchenfleisch und Mango	46	400		X	X
Chinakohlsalat mit Chili-Schweinefilet	47	170		X	X
Indischer Reissalat mit Orangendressing	48	360	X	X	X
Apfelsalat mit gebratenen Jakobsmuscheln	49	340			
Arabischer Bulgursalat	49	300	X	X	X
Gemüse-Lasagne mit Pecorino	50	700	X	X	
Ofengemüse in Pergament	51	150	X	X	X
Zucchini-Carpaccio mit Walnüssen	52	190	X	X	X
Walnuss-Kohlrabi mit Kräuterfarfalle	53	450	X	X	X
Rote Linsen mit Käse-Crostini	53	350	X	X	X
Spaghettini mit Brunnenkresse und Kaviar	54	600			
Marinierter Chili-Lachs	55	190		X	X

	SEITE	KALORIEN	VEGETARISCH	VORZUBEREITEN	GÜNSTIG
Kalbsroulade mit Pflaumenfüllung	61	360		X	
Glasierte Lammkeule mit Ingwer	61	670		X	
Schollenfilet mit feiner Würze	62	130			X
Gekräuterte Lamm-Chops mit Salat	62	270		X	
Geschmorte Salbeizwiebeln	63	170	X	X	X
Tunfisch-Spieße mit Chili-Dip	64	430			
Dorade mit Thymian und Koriander	65	100			
Gegrillte Forelle mit Koriander-Mayonnaise	65	420			
Spanische Kartoffeln vom Blech	66	380	X	X	X
Gegrilltes Gemüse mit Zitronenthymian	67	450	X	X	
Geschmorte Tintenfische in Weißwein	68	220			
Ossobuco mit Sellerie und Rotwein	68	490		X	
Geschmortes Zitronen-Hähnchen	69	480		X	X
Gegrillter Seeteufel mit Limettensalsa	70	200			
Gegrillter Catfish auf Orangen-Fenchel-Salat	71	270			
Lachsforelle in der Salzkruste	71	340		X	X
Gegrillter Ziegenkäse mit Tomaten	72	310	X		X
Elsässischer Zwiebelkuchen	73	590		X	X

Nur für nette Gäste und eine super Stimmung müssen Sie nun noch selbst sorgen.

Schnellübersicht: Dinner for two

Schnellübersicht: Theme-Parties

	SEITE	KALORIEN	VEGETARISCH	VORZUBEREITEN	GÜNSTIG
Paprikarahmsuppe mit Chili	79	250	X		X
Pfirsichtarte mit Sorbet	79	390	X	X	X
Zwiebelsuppe mit Croûtons und Käse	80	450		X	X
Gulaschsuppe mit Tomaten und Majoran	80	430		X	
Laksa mit Hähnchen und Zitronengras	81	620		X	
Kürbissuppe mit Mais und Chili	82	330	X	X	X
Lamm-Stew mit Sellerie und Piment	83	220		X	
Jambalaya mit Scampi und Chili	83	1120		X	
Minestrone mit Nudeln und Parmesan	84	350		X	X
Möhrensuppe mit Ingwer und Orange	85	170	X	X	X
Sizilianischer Eintopf mit Pinienkernen	85	480		X	
Grießflammeri mit marinierten Feigen	86	190	X	X	X
Honigjogurt mit Himbeeren	87	190	X	X	X
Johannisbeer-Biskuittorte mit Mohn	88	170	X	X	X
Erdbeeren auf Rhabarberschaum	88	220	X	X	X
Baked Ananas mit Minze	89	210	X		X
Pistazien-Jogurt-Flan mit Zitrusfrüchten	90	250	X	X	
Tiramisù mit Orangen und Bananen	91	360	X	X	X
Pfirsich mit Jogurt-Parfait	91	170	X	X	X

Überall im Buch finden sich Tipps und Ideen für die Party-dekoration. Dabei gilt: Weniger ist oft mehr.

	SEITE	KALORIEN	VEGETARISCH	VORZUBEREITEN	GÜNSTIG
Erdbeereis-Margarita	97	170	X		X
Juicy Dream	97	260	X		
Rosen-Bowle	98	240	X	X	
Sangría	99	210	X	X	
Sommerbowle mit Crémant	100	260	X	X	
Tropical-Heat-Bowle	101	370	X	X	
Erdbeer-Bowle	101	260	X	X	X
Cool Colada	102	270	X		
Orange-Grapefruit-Slush	102	180	X	X	X
Driver's Mojito	102	60	X		X
Caipirinha	103	200	X		X
Caribbean Delight	104	240	X		
Himbeer-Shake	105	160	X		
Cuba Libre	105	190	X		X
Ananas-Minz-Crush	105	130	X		X
Campari-Trauben-Drink	106	70	X		X
Grapefruit-Wodka-Cocktail	107	180	X		
Jamaican Fruit-Punch	108	190	X		
Pink Grape	109	270	X		X
Kokos-Cocktail	109	150	X		X
Hot-Pepper-Drink	109	170	X		X

Frech gemixt macht lustig: Unsere Getränkekarte hat es in sich.

Schnellübersicht: Big Parties

FIT FOR FUN-Bücher:

Gesünder ernähren – bewusster genießen – intensiver leben: Hier finden Sie noch mehr Kochbücher und Ratgeber unserer FIT FOR FUN-Experten.

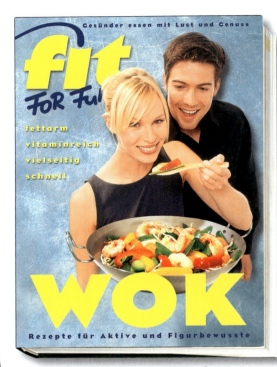

Schnell, einfach, leicht. Der Wok als ideale Grundausstattung für die moderne Küche: Mit über 100 fettarmen und vitaminreichen Gerichten für eine optimale und genussvolle Ernährung.
Format 22 x 29 cm, 128 Seiten
Bestell-Nr.: 227 018 F
DM 29,90

150 leckere Rezepte und Tipps für Salate & Fingerfood oder schnellen Lunch. Mit großem Service-Teil.
Format 22 x 29 cm, 194 Seiten
Bestell-Nr.: 227 008 F
DM 39,90

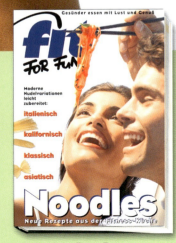

160 köstliche Pasta-Rezepte in vielen Variationen mit Warenkunde, Getränketipps und ganz neu – Pasta als süße Desserts.
Format 22 x 29 cm, 180 Seiten
Bestell-Nr.: 227 012 F
DM 39,90

Die große Vielfalt frischer Obst- und Gemüsecocktails für Sportler, Figurbewusste und Genießer. Mit vielen Rezepten & Tipps.
Format 22 x 29 cm, 96 Seiten
Bestell-Nr.: 227 013 F
DM 19,90

360 Fitness-Rezepte – für jede Saison die perfekte Ernährung. Mit 3-Stufen-Methode zum schrittweisen Abnehmen.
Format 22 x 29 cm, 258 Seiten
Bestell-Nr.: 227 015 F
DM 39,90

Jetzt bestellen!

per Fon: **0781/639 69 97**
per Fax: **0781/639 61 00**
per Mail: **abo@milchstrasse.de**
oder online: **www.fitforfun.de/shop**

Die Bezahlung der Bestellung kann per Bankeinzug, Rechnung oder Kreditkarte erfolgen. Der Versandkostenanteil pro Gesamtbestellung beträgt DM 7,50 (In- und Ausland), ab DM 150,– Warenwert versandkostenfrei.

Mit Fahrtechniken für Anfänger und Profis, ausführlichen Trainingsplänen sowie allen wichtigen Infos zum Skate-Kauf.
Format 16 x 21 cm, 164 Seiten
Bestell-Nr.: 227 021 F
DM 32,-

Straffer Körper, definierte Muskeln, weniger Fett: 150 Übungen für gezieltes Bodystyling und Problemzonen-Bekämpfung.
Format 16 x 21 cm, 176 Seiten
Bestell-Nr.: 227 020 F
DM 29,90

Abenteuer pur, ob weltweit oder vor der Haustür, Outdoor oder Extreme – mit wichtigen Tipps und vielen Kontakt-Adressen!
Format 16 x 21 cm, 248 Seiten
Bestell-Nr.: 227 009 F
DM 29,90

180 Rezepte & Tipps aus dem FIT FOR FUN-Restaurant in Hamburg für zu Hause zum Nachkochen.
Format 22 x 29 cm, 196 Seiten
Bestell-Nr.: 227 003 F
DM 39,90

Für ein gutes Lebensgefühl mit der richtigen Einstellung. Tipps zum Stressabbau privat oder im Job. Mit Poster für's Büroworkout.
Format 16 x 21 cm, 200 Seiten
Bestell-Nr.: 227 004 F
DM 29,90

Die grundlegenden Massagetechniken mit vielen Tipps und anschaulichen Illustrationen sowie einer Reflexzonenkarte.
Format 22 x 29 cm, 128 Seiten
Bestell-Nr.: 227 010 F
DM 39,90

Das Laufprogramm für Einsteiger und Profis mit allen wichtigen Tipps & Tricks und Trainingsplänen sowie Lauf-Tagebuch.
Format 16 x 21 cm, 224 Seiten
Bestell-Nr.: 227 007 F
DM 31,20

a
Ananas-Minz-Crush **105**
Apfelsalat mit gebratenen Jakobsmuscheln **49**
Arabische Pizzies mit Lammhack **21**
Arabischer Bulgursalat **49**
Artischocken mit Avocado-Füllung **45**
Asiatisches Mini-Omelette **39**

b
Baked Ananas mit Minze **89**
Buttermilchcreme mit Sommerbeeren **88**

c
Caipirinha **103**
Campari-Trauben-Drink **106**
Caribbean Delight **104**
Chinakohlsalat mit Chili-Schweinefilet **47**
Cool Colada **102**
Cuba Libre **105**

d
Dorade mit Thymian und Koriander **65**
Driver's Mojito **102**

e
Elsässischer Zwiebelkuchen **73**
Erdbeerbowle **101**
Erdbeereis-Margarita **97**
Erdbeeren auf Rhabarberschaum **88**

f
Fischbällchen am Zitronengras-Spieß **13**
Filet-Burger mit Avocadomus **15**

g
Garnelen mit Brunnenkresse-Dip **45**
Garnelen-Nigiri **31**
Garnelenspieße mit scharfem Dip **19**
Gegrillte Forelle mit Koriander-Mayonnaise **65**
Gegrillter Catfish auf Orangen-Fenchel-Salat **71**
Gegrillter Seeteufel mit Limettensalsa **70**
Gegrillter Ziegenkäse mit Tomaten **72**
Gegrilltes Gemüse mit Zitronenthymian **67**
Gekräuterte Lamm-Chops mit Salat **62**
Gemüse-Lasagne mit Pecorino **50**
Gemüse-Schiffchen mit Mandelreis **11**
Geschmorte Salbeizwiebeln **63**
Geschmorte Tintenfische in Weißwein **68**
Geschmortes Zitronen-Hähnchen **69**
Glasierte Lammkeule mit Ingwer **61**
Glasnudelsalat mit Hähnchenfleisch und Mango **46**
Grapefruit-Wodka-Cocktail **107**

S. 54: Spaghettini mit Brunnenkresse und Kaviar. **S. 81:** Laksa. **S. 14:** Grüner Spargel mit Serranoschinken.

S. 104/105: Caribbean Delight (vorne), Kokonuss-Bananen-Shake

Grießflammeri mit marinierten Feigen **86**
Grüner Spargel in Serranoschinken **14**
Gulaschsuppe mit Tomaten und Majoran **80**

h
Hackbällchen mit Karambole **12**
Hähnchenbrust in der Senfkruste **69**
Heidelbeer-Muffins mit Zimt **23**
Himbeer-Shake **105**
Honigjogurt mit Himbeeren **87**
Hot Mango-Chips **16**
Hot-Pepper-Drink **109**

i
Indischer Reissalat mit Orangendressing **48**
Italienischer Kartoffelsalat **50**

j
Jamaican Fruit-Punch **108**
Jambalaya mit Scampi und Chili **83**
Johannisbeer-Biskuittorte mit Mohn **88**
Juicy Dream **97**

k
Käsegebäck mit Pecorino **16**
Kalbsroulade mit Pflaumenfüllung **61**
Knoblauch-Muscheln **18**
Kokos-Cocktail **109**
Kürbissuppe mit Mais und Chili **82**

l
Lachsforelle in der Salzkruste **71**
Lachs-Maki mit Erdnussbutter **31**
Lachs-Nigiri **29**
Laksa mit Hähnchen und Zitronengras **81**
Lamm-Stew mit Sellerie und Piment **83**
Lemon-Cakes **22**

m
Marinierter Chili-Lachs **55**
Minestrone mit Nudeln und Parmesan **84**
Mini-Crêpes mit Lachs und Kresse **20**
Mini-Windbeutel mit Zitronenfüllung **22**
Möhrensuppe mit Ingwer und Orange **85**

n
Nigiri-Sushi mit Omelette **33**

o
Ofengemüse in Pergament **51**
Orange-Grapefruit-Slush **102**
Ossobuco mit Sellerie und Rotwein **68**

Register

125

S. 37: Garnelen in Glasnudeln. S. 72: Gegrillter Ziegenkäse.

p
Paprikarahmsuppe mit Chili **79**
Pfirsich mit Jogurt-Parfait **91**
Pfirsichtarte mit Sorbet **79**
Pikante Pflaumen **11**
Pinienkern-Sandwiches **21**
Pink Grape **109**
Pistazien-Jogurt-Flan mit Zitrusfrüchten **90**

r
Radicchio mit Ziegenkäse **17**
Raukesalat mit Apfel und Ziegenkäse **55**
Riesengarnelen im Glasnudelmantel **37**
Rosen-Bowle **98**
Rote Linsen mit Käse-Crostini **53**

s
Saltimbocca **63**
Sangría **99**
Sashimi mit Gemüse **34**
Satéspieße mit Rind und Hähnchen **15**
Scharfe Röllchen **16**
Schokofrüchtchen **23**
Schollenfilet mit feiner Würze **62**
Schweinefilet im scharfen Sesammantel **36**
Sizilianischer Eintopf mit Pinienkernen **85**
Sommerbowle mit Crémant **100**
Spaghettini mit Brunnenkresse und Kaviar **54**
Spanische Kartoffeln vom Blech **66**
Süße Frühlingsrolle mit Orangen-Dip **38**
Sweet California Roll **35**

t
Tacos mit Gemüse-Mix **11**
Tiramisù mit Orangen und Bananen **91**
Tropical-Heat-Bowle **101**
Tuna-Maki mit Rauke und Limette **30**
Tuna-Nigiri **29**
Tunfisch-Spieße mit Chili-Dip **64**

u
Ura Maki Sushi: California Roll **32**

v
Vegetarische Maki **33**

w
Walnuss-Kohlrabi mit Kräuterfarfalle **53**

z
Zucchini-Carpaccio mit Walnüssen **52**
Zwiebelsuppe mit Croûtons und Käse **80**

S. 103: Caipirinha. S. 51: Ofengemüse. S. 17: Radicchio mit Käse.